www.kreative-manufaktur.de
Jetzt auch online
Selbermachen. Genießen. Verschenken.

Selbermachen. Genießen. Verschenken.

Leckereien aus der kreativen Manufaktur sind schöne Geschenke und Mitbringsel: mit Sorgfalt hergestellt, mit Liebe verpackt.

Holunderblütensirup

Holunderblütensirup

Holunderblütensirup

Anne Iburg • Anna Anlauft

GESCHENKE AUS DER KÜCHE

Kulinarisches lecker verpackt

EXTRA SCHARF

CHILI-KETCHUP

CHILI KZ SCHARF

Inhalt

Erdbeerlimes

Erdbeerlimes

Genuss verschenken

Was gibt es Schöneres, als Genuss zu verschenken? Eine kleine Köstlichkeit aus eigener Herstellung, mit Sorgfalt zubereitet und hübsch verpackt, ist ein schönes Mitbringsel zu vielen Gelegenheiten. Geschenke aus der Küche sind nicht nur individuell und mit Liebe hergestellt, sondern ermöglichen außergewöhnliche Geschmackserlebnisse, kulinarische Entdeckungen oder bringen die bewährten Rezepte aus Kindertagen wieder in Erinnerung.

Geschenke aus der Küche sind immer eine Erlebnisreise (für den Koch und den Genießer gleichermaßen): Man kann mit leckeren Früchten den Sommer einfangen, sich vom Angebot des Wochenmarktes inspirieren lassen, Küchenkräuter neu entdecken, in exotischen Gewürzen schwelgen, der Verführung süßer Nascherein erliegen oder wärmende Köstlichkeiten für kalte Tage zaubern.

Und da das Auge bekanntlich mitisst, werden die kulinarischen Köstlichkeiten mit viel Fantasie und Liebe hübsch verpackt. In Gläsern und Flaschen, Tüten und Taschen kommt Selbstgemachtes immer lecker daher.

Sommerfrüchte

Kirschen, Erdbeeren, Himbeeren, Äpfel: Was wäre ein Sommer ohne den Genuss von frischen Früchten? An warmen Tagen genießen wir Obstkuchen, kochen Marmelade für den Winter und bereiten eine Vielzahl an anderen Leckereien zu.

Beeren
Marmelade

Im Sommer
hängen Bäume,
Sträucher und Büsche voll
von reifen Früchten, die zum
Naschen verführen, aber auch zu
Köstlichkeiten wie Marmelade,
Muffins, Streuselschnecken oder
Pannacotta verarbeitet werden
können. So hält der Sommer
in der Küche Einzug.

Heidelbeermuffins
mit Haferflocken

Heizen Sie den Backofen auf 180 °C vor und setzen Sie die Papierförmchen in die Vertiefungen des Blechs.

Dann die Heidelbeeren verlesen. Eier, Zucker, Vanillezucker, Zimt und Rapsöl aufschlagen, anschließend die saure Sahne unterrühren. Mehl, Haferflocken, Backpulver und Natron vermischen und unter die Eiermasse rühren. Heben Sie die Blaubeeren unter den Teig und füllen Sie ihn in die Vertiefungen.

Die Muffins auf der mittleren Schiene etwa 20 Minuten backen. Auf einem Gitter auskühlen lassen.

Im Kühlschrank sind die Muffins bis zu 3 Tage haltbar.

Die Verpackungsidee für die Heidelbeermuffins finden Sie auf Seite 14/15.

Zutaten
für 12 – 18 Muffins

200 g Heidelbeeren
2 Eier
160 g Zucker
1 Päckchen Vanille-
zucker
¼ TL Zimt
120 ml Rapsöl
300 g saure Sahne
200 g Mehl (Type 405)
75 g kernige Hafer-
flocken
2 TL Backpulver
½ TL Natron
12–18 Papierförmchen

15 Min. Zubereitung
20 Min. Backzeit

Manschetten
für die Heidelbeermuffins

Material
Kraft-Kuts-Papier mit
blauen Punkten
Zahnstocher
doppelseitiges Klebeband
Cutter mit geeigneter
Schneideunterlage
Motivlocher: Wellenkreis,
ø ca. 5 cm
Fineliner in Schwarz

Vorlage Seite 158

Übertragen Sie zuerst die Vorlage auf das Kraft-Kuts-Papier. Dazu können Sie entweder die Vorlage direkt auf das Papier kopieren oder auf Transparentpapier durchpausen, auf ein Stück Karton kleben und ausschneiden. Die so entstandene Schablone auf das Papier legen, mit einem Bleistift umfahren und anschließend ausschneiden. Der Schlitz wird mit dem Cutter eingeschnitten.

Legen Sie die Manschette um den Muffin, schieben Sie die Lasche durch den Schlitz und befestigen Sie sie mit doppelseitigem Klebeband.

Aus dem restlichen Papier mit dem Motivlocher einen Kreis mit Wellenrand ausstanzen und beschriften. Das können Sie mit dem Fineliner machen oder Sie drucken den Text auf das Papier, bevor Sie die Kreise ausstanzen.

Mit dem Cutter im unteren Bereich zwei kleine Schlitze in den Kreis schneiden und den Zahnstocher durchschieben. Das Schildchen in den Muffin stecken – fertig.

Grüne Marmelade
Apfel trifft Kiwi

Schälen Sie die Kiwis und schneiden Sie sie in Würfel. Die Äpfel ebenfalls schälen und vierteln, das Kerngehäuse entfernen. Dann reiben Sie die Äpfel auf einer groben Reibe direkt in den Kochtopf. Mit Zitronensaft beträufeln und die Kiwiwürfel, den Zucker und die Zimtstangen hinzufügen.

Alles bei starker Hitze unter Rühren zum Kochen bringen, bis das Kochgut sprudelt. Dann 4 Minuten sprudelnd kochen lassen, dabei ständig rühren.

Nehmen Sie den Topf vom Herd und entfernen Sie die Zimtstangen. In heiß ausgespülte Marmeladengläser heiß abfüllen, sofort den Schraubdeckel verschließen und die Marmeladengläser auf den Kopf gestellt auskühlen lassen.

Die Marmelade ist mindestens 6 Monate haltbar.

Die Verpackungsidee für die grüne Marmelade finden Sie auf Seite 18/19.

Zutaten
für 5 Gläser à 200 ml
Saft von 1 Zitrone
3 Kiwis
800 g Äpfel, z. B.
Ananasrenette oder
Brettacher
500 g Gelierzucker 2:1
2 Stangen Zimt

30 Min. Zubereitung

Apfel-Kiwi Traum

Apfel-Kiwi Traum

Apfel-Kiwi Traum

Deckelhaube
für die grüne Marmelade

Material
Marmeladenglas, ca. 200 ml
Baumwollstoff in Grün-Weiß kariert
Designpapier „Notizblatt"
Faden in Rot
Kordel in Grün-Weiß
Transparentpapier in Weiß oder Butterbrotpapier
doppelseitiges Klebeband
Nähmaschine
Konturenschere mit Zackenrand
Fineliner in Schwarz

Für das Etikett schneiden Sie mit der Zackenschere aus dem karierten Stoff ein Rechteck von ca. 8 cm x 5 cm aus. Es darf ruhig ein wenig schief sein. Dann wird ein etwas kleineres Rechteck (6 cm x 4 cm) aus dem Designpapier zugeschnitten und beschriftet.

Nähen Sie das Papier mit rotem Garn auf den Stoff. Damit dabei nichts verrutscht, wird beides mit doppelseitigem Klebeband fixiert. Anschließend kleben Sie das fertige Etikett ebenfalls mit doppelseitigem Klebeband auf das Glas.

Für die Deckelhaube ein Quadrat aus festem Transparentpapier zuschneiden (ca. 11 cm x 11 cm). Auf den Rand und die Oberseite des Deckels doppelseitiges Klebeband kleben, das Transparentpapier auflegen, nach unten drücken und mit Kordel befestigen. Jetzt fehlt nur noch der kleine Stoffkreis, der passend zum Durchmesser des Deckels mit der Zackenschere zugeschnitten und mit doppelseitigem Klebeband auf den Deckel geklebt wird.

Himbeer-Pannacotta
cremig und fruchtig

Die Vanillestange längs halbieren und das Mark herauskratzen. Lassen Sie beides mit Sahne, Milch und Zucker bei kleiner Hitze 15 Minuten einköcheln. Anschließend die Gelatine in kaltem Wasser einweichen lassen.

In der Zwischenzeit verlesen Sie die Himbeeren und brausen sie ab. Denken Sie daran, einige als Deko zurückzulegen. Den Rest mit Honig, Himbeergeist und Limettensaft pürieren.

Nach dem Ende der Kochzeit die Vanillestange entfernen, die ausgedrückte Gelatine in die heiße Sahnemischung rühren und kalt stellen. Wenn die Creme zu gelieren beginnt, heben Sie zwei Drittel der pürierten Himbeeren unter. Verteilen Sie die Creme dann auf 4 Weckgläser und stellen Sie sie mindestens 2 Stunden kalt.

Zum Schluss wird das Himbeerpüree auf der Creme verteilt und die Pannacotta mit den restlichen Himbeeren und Melissenblättchen garniert.

Die Himbeer-Pannacotta ist 2 Tage im Kühlschrank haltbar.

Die Verpackungsidee für die Pannacotta finden Sie auf Seite 22/23.

Zutaten
für 4 Portionen

1 Vanillestange
300 g Schlagsahne
300 ml Milch
75 g Zucker
3 Blatt weiße Gelatine
500 g Himbeeren
3 EL Honig
3 EL Himbeergeist
Saft von 1 Limette
Melissenblättchen zum Garnieren

20 Min. Zubereitung
(ohne Kühlzeit)

Himbeer-Panna-Cotta

Himbeer-Panna-Cotta

Himbeer-Panna-Cotta

Hübsche Etiketten
für die Pannacotta

Material

Einmachgläser, 200 ml
Scrapbook-Papier in Braun
mit rosafarbenen Ranken
Tonkarton in Creme
Papier mit Notenmuster
oder Butterbrotpapier
Transparentpapier in Weiß
Perlmuttknopf, ø 1,2 cm
doppelseitiges Klebeband
Motivlocher: Wellenkreis,
ø 3,5 und 5,5 cm
Motivlocher: Kreis, ø 3 cm
und 6 cm
Drucker

Schneiden Sie zuerst aus dem Scrapbook-Papier einen schmalen Steifen von ca. 1,5 cm Breite aus. Die Länge richtet sich nach dem Umfang des Glases. Dieser Streifen wird mit doppelseitigem Klebeband unter dem oberen Rand des Glases befestigt. Als Nächstes drucken Sie den Text auf den cremefarbenen Tonkarton, am besten in einem dunklen Rot. Schneiden Sie dann ca. 2 cm x 8 cm große Streifen aus. Das untere Ende mit einem Kreislocher (ø 3 cm) halbkreisförmig anschneiden. Kleben Sie den Streifen hochkant an die Banderole.

Nun muss noch der Deckel verziert werden: Dazu aus festem Transparentpapier einen Kreis mit einem Durchmesser von 6 cm ausschneiden oder lochen und auf den Deckel kleben. Darauf einen Kreis mit Wellenrand aus Scrapbook-Papier (ø 5,5 cm) und aus Notenpapier (ø 3,5 cm) befestigen. Das Notenpapier können Sie entweder als Screenshot aus dem Internet herunterladen und auf cremefarbenem Papier ausdrucken oder Papier mit Notenmuster verwenden. Alternativ können Sie auch Papier aus alten Gesangsheften etc. verwenden. Zum Schluss kleben Sie einen kleinen Perlmuttknopf auf. Achten Sie beim Aufkleben der Kreise und des Knopfes darauf, sie nicht zentriert aufzukleben, sondern etwas aus der Mitte versetzt (wie abgebildet).

Erdbeerlimes
frisch und hochprozentig

Erdbeerlimes

Die Erdbeeren waschen, putzen und pürieren, zusammen mit dem Zucker und dem Wasser aufkochen und erkalten lassen. Anschließend wird der Zitronensaft und der Wodka eingerührt, der Limes in saubere Flaschen gefüllt und verkorkt.

Im Kühlschrank hält sich der Erbeerlimes ca. 2 bis 3 Monate.

Anhänger

Schneiden Sie aus dem Scrapbook-Papier ein Rechteck zu, das in Länge und Breite gut zur Flasche passt (hier: 12,5 cm x 3 cm). Mit dem Eckenstanzer werden die Ecken abgerundet. An einer kurzen Seite mittig ein Loch stanzen. Setzen Sie eine Öse ein und befestigen Sie sie mit der Ösenzange. Nun noch ein Stück weißes Tonpapier zuschneiden (hier: 9,5 cm x 2,5 cm), beschriften und auf das Scrapbook-Papier kleben.

Aus rosafarbenem Seidenpapier schneiden Sie ein Quadrat passend zum Deckel der Flasche zu und legen es mittig über den Flaschendeckel. Verschnüren Sie das Seidenpapier mit Raffia-Bast und befestigen Sie daran den Anhänger.

Material

Flaschen mit Korken oder Schraubverschluss, 750 ml
Scrapbook-Papier in Rosa-Rot gemustert
Tonpapier in Weiß
Ösen in Rosa oder Rot
Raffia-Bast
Seidenpapier in Rosa
Lochzange
Ösenzange
Eckenstanzer
Fineliner in Schwarz

**Zutaten für
2 Flaschen à 750 ml**

750 g Erdbeeren
300 g Zucker oder Erd-beersirup
250 ml Wasser
250 ml Zitronensaft (aus Konzentrat)
500 ml Wodka

10 Min. Zubereitung

Kleine Warenkunde

Alte Apfelsorten

Gravensteiner

Der Gravensteiner ist eine recht alte Apfelsorte, die als eine der besten Tafelobstsorten überhaupt gilt. Die Sorte zeichnet sich durch die intensiv duftenden Früchte und den aromatischen Geschmack aus.

Goldparmäne

Gravensteiner

Berlepsch

Goldparmäne

Die Goldparmäne ist eine der ältesten Apfelsorten – sie entstand vermutlich Anfang des 16. Jahrhunderts in Frankreich – und galt sehr lange als eine der besten Apfelsorten überhaupt. Der nussig schmeckende, recht säurearme Apfel ist an seiner charakteristisch gestreiften Schale zu erkennen.

Berlepsch

Der Berlepsch wurde 1880 von Diedrich Uhlhorn gezüchtet und nach dem damaligen Düsseldorfer Regierungspräsidenten Hans Hermann Freiherr von Berlepsch benannt. Er ist ein saftig-süß schmeckender Tafelapfel, der hervorragend für den Rohverzehr geeignet ist.

Ananasrenette

Ananasrenetten sind sowohl zum Entsaften, Einmachen, Kochen und Backen geeignet wie auch zum frischen Verzehr. Die eher kleinen Äpfel schmecken saftig-aromatisch. In warmer Umgebung verströmen die Äpfel einen intensiven Ananasduft – daher die Bezeichnung Ananasrenette.

Vergessene Schätze

Dass alte Apfelsorten weitgehend aus dem modernen Erwerbsanbau verschwunden sind, hat verschiedene Gründe – Anfälligkeit für Krankheiten und Schädlinge, geringer Ertrag etc. Sie sind jedoch völlig zu Unrecht in Vergessenheit geraten, denn in aller Regel besitzen diese Apfelsorten ein ausgezeichnetes Aroma – ein Geschmackserlebnis, das keine der handelsüblichen Apfelsorten bieten kann.

Berner Rosenapfel

Der Berner Rosenapfel lässt sich hervorragend zur Saftbereitung verwenden, kann aber auch frisch verzehrt werden. Der Apfel ist saftig, nicht sehr sauer und hat ein eher schwaches Aroma. Charakteristisch ist die Färbung des Fruchtfleisches, das sich zur Schale hin rötlich verfärbt.

Ananasrenette

Berner Rosenapfel

Brettacher

Brettacher

Diese Apfelsorte zeichnet sich besonders durch die gute Lagerfähigkeit aus. Die Äpfel sind von grünlicher Färbung, eher groß und säuerlich im Geschmack. Brettacher werden vor allem zum Backen, Kochen und zur Herstellung von Most verwendet.

Raffinierte Beerenmarmelade
Erdbeere küsst Heidelbeere

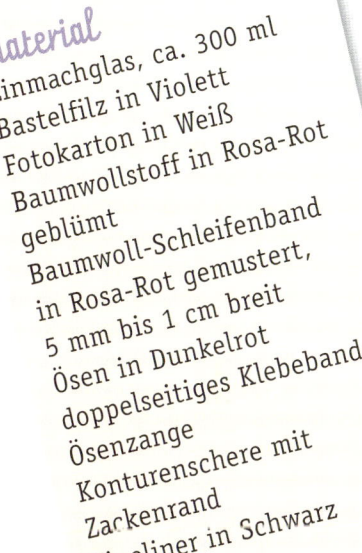

Material
Einmachglas, ca. 300 ml
Bastelfilz in Violett
Fotokarton in Weiß
Baumwollstoff in Rosa-Rot
geblümt
Baumwoll-Schleifenband
in Rosa-Rot gemustert,
5 mm bis 1 cm breit
Ösen in Dunkelrot
doppelseitiges Klebeband
Ösenzange
Konturenschere mit
Zackenrand
Fineliner in Schwarz

Raffinierte Beerenmarmelade

Zunächst werden die Erdbeeren und die Heidelbeeren gewaschen. Lassen Sie beides gut abtropfen, bevor Sie die Erdbeeren putzen und dann halbieren oder vierteln und die Heidelbeeren pürieren. Alles bis auf den Pitú in einen Topf geben und über Nacht ziehen lassen.

Am nächsten Tag das Ganze bei starker Hitze unter Rühren zum Kochen bringen, bis das Kochgut sprudelt. Dann 4 Minuten sprudelnd kochen lassen, dabei ständig rühren. Nehmen Sie den Topf vom Herd und rühren Sie den Pitú unter. Gleich in heiß ausgespülte Marmeladengläser abfüllen und sofort mit dem Schraubdeckel verschließen. Die Marmeladengläser während des Auskühlens auf den Kopf stellen.

Die Marmelade ist mindestens 6 Monate haltbar.

Zutaten
für 4 Gläser à 300 ml

750 g Erdbeeren
125 g Heidelbeeren
2 EL Zitronensaft
2 EL Kokossirup
500 g Gelierzucker 2:1
2 EL Pitú

20 Min. Zubereitung

Deckelhaube und Anhänger

Schneiden Sie aus dem Filz einen Kreis von ca. 5 cm Durchmesser und aus dem weißen Papier einen kleineren Kreis (ø ca. 3,5 cm) zu. Der Papierkreis wird auf den Filz geklebt. Beschriften Sie den Anhänger mit einem Fineliner in Schwarz. Dann knapp unterhalb des Papierkreisrandes ein Loch in den Anhänger stanzen, eine Öse einsetzen und mit einer Ösenzange befestigen.

Aus dem geblümten Baumwollstoff einen Kreis von ca. 14 cm Durchmesser mit der Zackenschere ausschneiden. Den Stoff über den Deckel ziehen und mit dem Schleifenband rundum festbinden. Nun noch den Filzanhänger am Bandende befestigen.

Kirsch-Schnecken
mit Schlemmer-Streuseln

Geben Sie Mehl, Hefe, Zucker, Salz, Eier und Butter in Flöckchen sowie lauwarme Milch in eine Schüssel und verarbeiten Sie die Zutaten mit den Knethaken des Handrührgerätes zu einem glatten Teig. Den Teig an einem warmen Ort gehen lassen, bis er sein Volumen verdoppelt hat. In der Zwischenzeit die Kirschen abgießen.

Aus Butter, Zucker, Mehl und Zimt Streusel kneten. Halbieren Sie die Masse und kneten Sie unter die eine Hälfte den Kakao.

Den Teig auf einer bemehlten Arbeitsfläche ausrollen und gleichmäßig die Kirschen und Streusel darauf verteilen. Rollen Sie den Teig auf und schneiden Sie die Rolle in 2 cm breite Scheiben. Diese auf ein mit Backpapier ausgelegtes Blech setzen und im auf 200 °C vorgeheizten Backofen etwa 20 Minuten backen.

Die Schnecken sind 2 bis 3 Tage im Kühlschrank haltbar. Bei Bedarf können sie in der Mikrowelle 30 Sekunden angewärmt werden.

Die Verpackungsidee für die Schnecken finden Sie auf Seite 32/33.

Zutaten
für 12–16 Stück

Für die Schnecken:
500 g Mehl (Type 405)
1 Päckchen Trockenhefe
50 g Zucker
1 Prise Salz
2 Eier
50 g Butter
250 ml lauwarme Milch
1 Glas Schattenmorellen
(350 g Abtropfgewicht)

Für die Streusel:
150 g Butter
150 g Zucker
250 g Mehl (Type 405)
¼ TL Zimt
1 TL Kakao

45 Min. Zubereitung
(ohne Ruhezeit)
20 Min. Backzeit

Pergamintüten
für die Kirsch-Schnecken

Material
Pergamintüten in Weiß,
ca. 14 cm breit
Masking-Tape in Rosa,
5 mm breit, und in Pink-
Weiß gestreift, 1,5 cm
breit
Fabric-Tape in Rosa-Weiß
kariert, 1,5 cm breit
dünne Paketschnur
Tafelfolie in Schwarz
Motivlocher: Kreis,
ø ca. 3 cm
wasserfester Filzstift
in Weiß
Lochzange

Kürzen Sie die Papiertüte auf die Maße 14 cm x 14 cm und stanzen Sie an der offenen Seite mittig mit dem Kreisstanzer einen Halbkreis aus. Dann die Tüte auf der Vorderseite mit Masking-Tape und Fabric-Tape bekleben. Schneiden bzw. reißen Sie dazu Tapestücke ab, die etwas kürzer als die Tüte sind, und kleben Sie sie eng aneinander auf.

Lochen Sie anschließend die Tüte mittig rechts und links mit der Lochzange und ziehen Sie die Paketschnur durch.

Die Tafelfolie auf die Maße 6 cm x 4 cm zuschneiden und beschriften. Die Ecken können Sie entweder von Hand mit einer Schere abrunden oder einen Ecken-stanzer verwenden. Das Tafelfolienetikett über die Kordel auf die Tüte kleben und eine Kirsch-Streusel-Schnecke in die Tüte schieben. Sie können die Schnecke evtl. vorher in Zellophanfolie einpacken.

Markttage

Wochenmärkte sind eine unerschöpfliche Inspirationsquelle für jeden Koch. Eine überbordende Fülle an frischem Obst und Gemüse aus der Region und aller Herren Länder machen Lust auf frische Sommergerichte oder raffiniert Eingemachtes.

Tomaten, Paprika, Zucchini, Pilze, Zwiebeln, Spinat und vieles mehr: Im Sommer bieten Marktstände mit ihrem Angebot an frischem Gemüse ein verführerisches und farbenprächtiges Bild. Der Wochenmarkt wird so zum Schlaraffenland gesunder Köstlichkeiten.

Italienisches Gemüse
Urlaubsgrüße im Glas

Übergießen Sie die Tomaten mit heißem Wasser, lassen Sie sie darin 3 bis 4 Stunden einweichen und tupfen Sie sie anschließend trocken. Die Paprikaschoten waschen, vierteln, den Stielansatz entfernen, entkernen und in Streifen schneiden. Im auf 200 °C vorgeheizten Backofen etwa 10 Minuten grillen, danach noch heiß in einen Gefrierbeutel geben und diesen verschließen.

Inzwischen die Pilze mit Küchenkrepp sauber reiben, große Pilze vierteln. Waschen Sie die Zucchini, entfernen Sie Stiel- bzw. Blütenansatz und schneiden Sie sie in Scheiben.

Etwas Olivenöl in einer Pfanne erhitzen, die Zucchini und die Pilze nacheinander darin anbraten, dabei salzen und pfeffern und die Pilze mit Sherry ablöschen. Anschließend den Knoblauch abziehen und sehr fein hacken.

Das Gemüse in das Weckglas einschichten, dabei einzelne Lagen mit Knoblauch und Gewürzen würzen. Zum Schluss das Glas mit Olivenöl auffüllen. Achten Sie darauf, dass alles Gemüse von Öl bedeckt ist.

Solange das Gemüse von Öl bedeckt ist, ist es 1 Monat im Kühlschrank haltbar.

Die Verpackungsidee für das italienische Gemüse finden Sie auf Seite 40/41.

Zutaten
für 1 Glas à 1 l

100 g getrocknete Tomaten
je 1 rote, grüne und gelbe Paprikaschote
1 Zucchini
150 g Champignons
500 ml Olivenöl
Salz, Pfeffer
4 EL trockener Sherry
2–3 Knoblauchzehen
1 EL getrockneter Thymian
1 TL zerstoßener Fenchel

1 Std. Zubereitung

Häubchen für das italienische Gemüse

Material
Einmachglas, ca. 1 l
Seidenpapier in Weiß
Dekoband in Rot-Weiß
gestreift, 1 cm breit
Tonpapier in Rot
Scrapbook-Papier in Grün
gemustert
Karton
Bürolocher oder Lochzange

Vorlage Seite 158

Nehmen Sie das Seidenpapier doppelt und schneiden Sie einen Kreis mit ca. 18 cm Durchmesser aus. Falten Sie den Kreis viermal mittig, sodass ein schmales Tortenstück entsteht. Mit der Lochzange oder dem Bürolocher am äußeren Rand durch alle Lagen mittig ein Loch stanzen. Falten Sie das Tortenstück wieder auf und fädeln Sie das Rot-Weiß gestreifte Band durch die Löcher im Kreis.

Legen Sie die Deckelhaube über das befüllte und geschlossene Glas mit dem eingemachten Gemüse, ziehen Sie die beiden Bandenden zusammen und binden Sie eine Schleife.

Aus dem roten Tonpapier einen Kreis mit dem Durchmesser des Deckels ausschneiden und aus dem Scrapbook-Papier einen kleineren Kreis. Den grünen Papierkreis auf den roten kleben, beide auf den Trägerkarton kleben und auf der Deckelhaube befestigen. Nun wird noch die kreisförmige Beschriftung angebracht. Alternativ können Sie den Text auch von der Vorlage auf das Tonpapier kopieren oder drucken.

Tipp: Diese Verpackung kann mit einem Siegel ergänzt werden. Binden Sie dazu eine Paketschnur um den Hals des Glases und lassen Sie die Enden an einer Seite lang herunterhängen. Schmelzen Sie dann etwas rotes Siegelwachs, träufeln Sie es auf das Glas und drücken Sie ein Siegel, eine Münze oder einen Trachtenknopf aus Metall hinein.

Couscous-Salat
ideal fürs Sommerpicknick

Erhitzen Sie den Couscous mit der Brühe in einem kleinen Topf und lassen Sie ihn 10 Minuten bei niedriger Temperatur quellen.

Die Paprikaschote waschen, vierteln, Stielansatz und Kerne entfernen und fein würfeln. Den Knoblauch abziehen und fein hacken. Die Petersilie waschen und trocken schütteln. Legen Sie einige Zweige als Deko zurück, den Rest fein hacken. Die Tomaten schneiden Sie in Würfel.

Alle Zutaten in eine Schüssel geben und ordentlich vermengen, mit Salz und Pfeffer abschmecken und ins Weckglas geben. Im Kühlschrank durchziehen lassen und mit Petersilie dekorieren.

Im Kühlschrank aufbewahrt ist der Couscous-Salat 2 Tage haltbar.

Die Verpackungsidee für den Couscous-Salat finden Sie auf Seite 46/47.

Zutaten
für 2 Portionen

100 g Couscous
150 ml Gemüsebrühe
1 gelbe Paprikaschote
1 Knoblauchzehe
¼ Bund glatte Petersilie
4 in Öl eingelegte, getrocknete Tomaten
4 EL Zitronensaft
3 EL Olivenöl
Salz, Pfeffer

30 Min. Zubereitung

Einmachglas mit Banderole
für den Couscous-Salat

Material
Einmachglas mit Bügelver-
schluss, 500 ml
Scrapbook-Papier in Grün-
Gelb gemustert
Packpapier
Faden in Rot
Zeitung
doppelseitiges Klebeband
Nähmaschine

Schneiden Sie eine Banderole (ca. 5 cm breit) aus Scrapbook-Papier aus und legen Sie sie um das Glas. Die Länge richtet sich nach dem Umfang des Glases. Nun wird das Packpapier etwas schmaler als das Scrapbook-Papier zugeschnitten (ca. 4 cm breit).

Legen Sie den Packpapierstreifen um das Glas und markieren Sie den Umfang (lassen Sie hier ein wenig Luft). An dieser Stelle wird der Streifen mit Zickzack-stich und rotem Faden zur Banderole zusammengenäht. Die überstehenden Enden werden auf eine Breite von ca. 3 cm gekürzt.

Schneiden Sie aus dem Scrapbook-Papier ein Stück von ca. 6 cm x 4 cm zu und kleben Sie es wie einen Griff um die überstehenden Enden der Packpapierbande-role. Schneiden Sie die Seiten schräg an.

Aus der Zeitung die Buchstaben für das Wort „Couscous" ausschneiden und aufkleben. Nun kleben Sie noch das Scrapbook-Papier auf das Glas und ziehen die Packpapierbaderole darüber.

Zwiebelkonfitüre
nicht süß, dafür scharf

Schälen Sie die Zwiebeln und schneiden Sie sie in feine Streifen. Die Chilischoten längs halbieren, entkernen und fein würfeln. Die Paprika putzen, waschen und sehr fein würfeln. Etwas Öl in einem Topf erhitzen, die Zwiebelstreifen, Chili, Paprika und den Zitronensaft hinzufügen und unter mehrmaligem Umrühren 20 Minuten köcheln.

Würzen Sie die Zwiebelkonfitüre mit Zucker, zwei Lorbeerblättern, Currypulver, Salz und Pfeffer. Nach und nach den Weißwein angießen. Entfernen Sie die Lorbeerblätter und füllen Sie die noch heiße Konfitüre in zuvor heiß ausgespülte Weckgläser.

Die Zwiebelkonfitüre ist 3 bis 4 Wochen im Kühlschrank haltbar.

Die Verpackungsidee für die Konfitüre finden Sie auf Seite 50/51.

Zutaten
für 3 Gläser à 330 ml

1 kg Zwiebeln
4 Chilischoten
1 rote Paprika
4 EL Rapsöl
Saft von 6 Zitronen
6 EL brauner Zucker
2 Lorbeerblätter
2 EL Currypulver
Salz und Pfeffer
200 ml trockener Weißwein

30 Min. Zubereitung

Transparente Banderole
für die Zwiebelkonfitüre

Material
Einmachglas mit Bügelver-
schluss, 330 ml
Transparentpapier
Seidenpapier in Grün
Packpapier
Faden in Rot
Drucker
Nähmaschine

Drucken Sie auf das Transparentpapier das Wort „konfitüre" und schneiden Sie einen zum Glas passenden Streifen als Banderole zu. Dann aus grünem Seidenpapier und Packpapier abwechselnd immer kleiner werdende Schichten einer Zwiebel ausschneiden und im Wechsel übereinanderlegen.

Mit der Nähmaschine und rotem Faden mittig über die verschiedenen Zwiebellagen nähen. Dann kleben Sie die Zwiebel auf die Banderole und fächern sie etwas auf, damit sie plastischer wirkt.

Nun wird die Banderole um das Glas geklebt – fertig ist die Verpackung für die Zwiebelkonfitüre.

Tipp: Wenn Sie die Banderole etwas farbenfroher gestalten möchten, können Sie einen Streifen roten Tonkarton, der etwas breiter als die Banderole ist, um das Glas kleben, bevor Sie die Banderole befestigen.

konfitüre

Grünkern-Tagliatelle
in Gelb, Rot und Grün

Mischen Sie die Mehlsorten und drücken Sie in die Mitte eine Mulde, in die dann die Eier und das Salz gegeben werden. Die Eier mit einer Gabel verrühren, dabei etwas Mehl vom Rand her unterarbeiten.

Sobald der Teig kein Mehl mehr aufnimmt, die gewünschte Flüssigkeit esslöffelweise unterarbeiten. Den Teig gut kneten, bis er warm und geschmeidig ist, und in Folie bei Raumtemperatur mindestens 1 Stunde ruhen lassen.

Rollen Sie dann den Teig portionsweise sehr dünn aus und bestäuben Sie ihn dabei immer wieder mit Mehl. Aus der Teigplatte mithilfe eines Lineals und eines Küchenmessers 1 cm bis 2 cm breite Tagliatelle schneiden. Lassen Sie sie über einem Kochlöffel oder auf der Wäschespindel trocknen.

Die getrockneten Nudeln in kochendes, leicht gesalzenes Wasser geben und 6–8 Minuten kochen lassen.

Die Nudeln sind 4 bis 6 Wochen trocken und in Papier verpackt haltbar.

Die Verpackungsidee für die Nudeln finden Sie auf Seite 54/55.

Zutaten für je 260 g getrocknete Nudeln

100 g Grünkernvollkornmehl
100 g Weizenmehl (Type 1050)
50 g Roggenmehl (Type 1370)
2 Eier
½ TL Jodsalz
4–5 EL Weißwein (für Gelb)
oder
4–5 EL Rote Betesaft (für Rot)
oder
4–5 EL pürierter, aufgetauter TK-Spinat (für Grün)
Mehl zum Ausrollen

Pro Farbe: 1 Std. Zubereitung (ohne Ruhezeit)

Retro-Schachteln
für die bunten Nudeln

Material

Scrapbook-Papier in Rot-
Grün mit Retromuster
(beidseitig bedruckt)
Kopierpapier in Weiß
Drucker
Transparentpapier
dünne Paketschnur
Packpapier
Ösen in Silber
Ösenzange
Cutter mit geeigneter
Schneideunterlage
Falzbein
doppelseitiges Klebeband

Vorlage Seite 159

Übertragen Sie die Vorlage auf das Scrapbook-Papier. Dazu können Sie entweder die Vorlage direkt auf das Papier kopieren oder auf Transparentpapier durchpausen, auf ein Stück Karton kleben und ausschneiden. Die so entstandene Schablone auf das Papier legen, mit einem Bleistift umfahren und ausschneiden.

An den gepunkteten Linien vorfalzen (evtl. mit einem Falzbein). Etwa mittig auf der einen Seite einen Kreis ausschneiden oder -stanzen und von hinten mit weißem Transparentpapier bekleben.

Die Außenlasche mit doppelseitigem Klebeband mit der Kante der Schachtel verkleben. Die Unterseite einmal einschlagen, die zweite Unterlasche innen mit einem Klebestreifen bekleben und ebenfalls einschlagen.

Einen Papierstreifen beschriften und schräg über die Packung kleben. Die Schachteln an der oberen Öffnung lochen und mit Ösen versehen. Mit Paketschnur verschließen und nach Wunsch einen Packpapier-Anhänger mit passendem Rezept dazulegen.

dinner for one

dinner for one

10 große Tomaten
1 Zwiebel
1 Knoblauchzehe
etwas Zucker
etwas Tomatenmark
Olivenöl
Salz und Pfeffer
Basilikum

Die Tomaten vierteln und die
Stielansätze herausschneiden.
Die Zwiebeln würfeln und im
Olivenöl glasig dünsten, die
Tomaten, den Zucker und den
Knoblauch dazugeben. Solange
köcheln lassen, bis die Tomaten
weich sind. Dann die Soße durch
ein Haarsieb streichen, mit dem
Tomatenmark und dem Knoblauch
zurück in den Topf geben und
eine Weile einkochen lassen.
Zum Schluss den Basilikum
zugeben und die Soße mit Salz
und Pfeffer abschmecken.
Guten Appetit!

Scharfer Tomatenketchup
fruchtig und feurig

Die Tomaten über Kreuz einritzen, mit kochend heißem Wasser übergießen, häuten und würfeln. Die Knoblauchzehen fein hacken, die Chilischoten putzen und in Streifen schneiden.

Erhitzen Sie etwas Öl und braten Sie Knoblauch und Chilis darin leicht an, die gewürfelten Tomaten hinzufügen. Das Ganze bei schwacher Hitze 15 Minuten köcheln lassen.

Anschließend den Essig, Zucker, Salz und Pfeffer hinzufügen. Die Soße pürieren und abschmecken. Füllen Sie die Soße noch heiß in Flaschen und verschließen Sie diese sofort.

Gut verschlossen ist die Soße im Kühlschrank 3 Monate haltbar.

Die Verpackungsidee für den Ketchup finden Sie auf Seite 58/59.

Zutaten
für 1 Flasche à 700 ml

1 kg reife Eiertomaten
oder Fleischtomaten
2 Knoblauchzehen
2 Chilischoten
2 EL Olivenöl
125 ml Aceto balsamico
50 g brauner Zucker
2 EL Salz
weißer Pfeffer

45 Min. Zubereitung

Etikett und Gewürztütchen für den Tomatenketchup

Material
Flaschen mit Schraub-
verschluss, 700 ml
Tonkarton in Weiß
festes Transparentpapier
in Weiß
2 g Chili-Flakes
Tonpapier in Rot
Ösen in Silber
Seidenpapier in Weiß
Schleifenband in Rot-
Weiß, 1 cm breit
doppelseitiges Klebeband
Faden in Rot
Ösenzange
Eckenstanzer
Nähmaschine
Lochzange

Drucken Sie die Beschriftung des Etiketts in der Anzahl, die Sie benötigen, auf den weißen Tonkarton – mit ausreichend Abstand – aus und schneiden Sie Etiketten in der Größe von 9 cm x 3,5 cm aus. Die Ecken werden mit dem Eckenstanzer abgerundet. Verzieren Sie das Etikett entlang der Ränder mit Zickzackstich mit rotem Faden.

Um die Tütchen herzustellen, nähen Sie jeweils zwei Transparentpapierquadrate (7,5 cm x 7,5 cm) an drei Seiten zusammen, füllen Chili-Flakes hinein und nähen die vierte Seite zu. Jetzt fehlt noch die Öse. Dazu ein Loch in eine Ecke des Tütchens stanzen und die Öse mit der Ösenzange befestigen.

Drucken Sie auf rotes Tonpapier „EXTRA SCHARF", schneiden Sie den Schriftzug knapp aus (ca. 0,6 cm x 3,5 cm) und kleben Sie das Schild auf das Tütchen.

Kleben Sie das Etikett mit doppelseitigem Klebeband auf die Flasche, legen Sie eine Deckelhaube aus Seidenpapier um den Deckel und befestigen Sie daran mit einem Schleifenband das Tütchen mit dem Chili.

EXTRA SCHARF

CHILI-KETCHUP

Kräuterparadies

Kräuter eröffnen eine ganze Welt an intensiven Aromen und Gerüchen. Sie haben einen unverwechselbaren Geschmack und sind wichtiger Bestandteil in vielen Rezepten. Sie aromatisieren neben zahlreichen Gerichten auch Salze, Öle und Essige.

Kräuter sind nicht nur ein Geschmackserlebnis, sondern auch ein Duftgenuss. Im Sommer kann man die Nase in einen Strauß oder Busch mit frischen Kräutern stecken, im Winter strömt einem der Duft von getrockneten Kräutern aus Döschen und Gläsern entgegen.

Würziges Kräutersalz
mediterranes
Geschmackserlebnis

Material
Glas mit Bügelverschluss,
ca. 100 ml
Scrapbook-Papier in Grün-
Weiß kariert
Tafelfolie
Büttenpapier in Grün
Kordel in Rot-Weiß
doppelseitiges Klebeband
wasserfester Stift in Weiß

Kräutersalz

Rosmarin, Thymian und Salbei mit grobem Salz in einem Mörser zerkleinern.
Das Salz ist mindestens 12 Monate in einem luftdicht verschlossenen Glas haltbar.

Verpackung

Schneiden Sie einen für die Höhe und den Umfang des Glases passenden Streifen zu (hier: 3,5 cm x 20 cm) und kleben Sie diesen wie eine Banderole um das
Glas. Schneiden Sie das Büttenpapier auf die Maße von 2,5 cm x 3,5 cm und die
Tafelfolie etwas kleiner zu. Beschriften Sie die Tafelfolie und kleben Sie zuerst
das Büttenpapier, dann die Tafelfolie auf die Banderole.

Aus dem restlichen Scrapbook-Papier einen für den Deckel passenden Kreis zuschneiden und aufkleben. Verschnüren Sie am Ende das Glas mit der rot-weißen
Kordel – vorher muss natürlich das Kräutersalz eingefüllt werden.

**Zutaten für
4 Gläser à 50 ml**

150 g grobes Meersalz
1 Handvoll getrocknete
Kräuter z. B. Rosmarin,
Thymian und Salbei

5 Min. Zubereitung

Möhren-Pesto & Rucola-Pesto
zu Pasta oder aufs Brot

Möhren-Pesto

Die Möhren, den Ingwer und den Knoblauch schälen und in Scheiben schneiden. 1 EL Öl in einem Topf erhitzen und alles darin andünsten. Mit Gemüsebrühe ablöschen, aufkochen und 10 Minuten köcheln lassen.

Das restliche Öl, die Pistazien, die Gewürze und den Honig hinzugeben und alles grob pürieren. Zum Schluss das Pesto mit Salz und Zitronensaft abschmecken und in heiß ausgespülte Gläser füllen, die sofort verschlossen werden.

Das Möhren-Pesto ist 4 bis 6 Wochen im Kühlschrank haltbar.

Rucola-Pesto

Zuerst den Rucola waschen und trocken tupfen. Entfernen Sie die Stiele und schneiden Sie die Blätter klein. Diese zusammen mit dem Olivenöl, Salz, Pfeffer und Pinienkernen in einem Mixer pürieren.
Zum Schluss den Parmesan unterrühren, das Rucola-Pesto in heiß ausgespülte Gläser füllen und diese verschließen.

Das Rucola-Pesto ist 2 bis 4 Wochen im Kühlschrank haltbar.

Die Verpackungsidee für die Pesto-Soßen finden Sie auf Seite 68/69.

Möhren-Pesto
Zutaten für
5 Gläser à 100 ml

500 g Möhren
10 g Ingwer
1 Knoblauchzehe
6 EL Rapsöl
150 ml Gemüsebrühe
25 g Pistazien
¼ TL gemahlener Pfeffer
½ TL Kardamom
1 TL Honig
1 TL Salz
Saft von einer Zitrone

25 Min. Zubereitung

Rucola-Pesto
Zutaten für
2 Gläser à 150 ml

1 Bund Rucola (100 g)
100 ml Olivenöl
Salz, Pfeffer
20 g geröstete Pinienkerne
30 g geriebener Parmesan

15 Min. Zubereitung

Anhänger mit Herz für das Pesto

Schneiden Sie aus dem Büttenpapier zwei Rechtecke à 3,5 cm x 6,5 cm aus und aus dem Naturpapier in Grün und Lila jeweils ein Rechteck, das etwas länger ist. Legen Sie beide Rechtecke übereinander und lochen Sie sie. Auf das Büttenpapier jeweils einen Lochverstärker kleben.

Übertragen Sie auf einen Büttenpapieranhänger die Herzform, indem Sie die Punkte mit einer Nadel nachstechen. Sticken Sie dann in einfachen Stichen die Herzform nach. Verknoten Sie den Faden gut. Aus dem grünen Filz ein Herz ausschneiden und auf den anderen Anhänger aus Büttenpapier kleben.

Nun werden noch zwei Quadrate aus Kraftpapier zugeschnitten und als Haube über die Deckel gestülpt. Dann ein Band um die Deckelhauben wickeln, verknoten und die beiden Teile des Anhängers auf die überstehenden Enden ziehen.

Tipps: Die kleinen Anhänger können Sie natürlich auch für Flaschen verwenden, z. B. für den Kräuteressig von Seite 76. Schneiden Sie ihn dazu einfach etwas länger zu (z. B. auf die Maße 9,5 cm x 3,5 cm für das weiße Papier und 10 cm x 3,5 cm für das lilafarbene Papier).

Eine etwas aufwändigere Verpackung ist die kleine Schachtel. Falten Sie dazu das Scrapbook-Papier wie angegeben, nähen Sie mit Stickgarn das beschriftete Schild auf (4,5 cm x 2,5 cm) und kleben Sie die Schachtel mitsamt dem Boden (6,5 cm x 6,5 cm) zusammen. Nun wird das Glas hineingestellt und die Schachtel geschlossen.

Material

Schraubgläser, 100–150 ml
Büttenpapier in Weiß
Naturpapier in Grün und Lila
Lochverstärker aus Kraftpapier
Stickgarn in Lila
Filz in Grün
Kraftpapier
Baumwoll-Dekoband in Grün-Rot und Lila-Weiß gestreift, 1 cm breit
Scrapbook-Papier in Creme-Lila gemustert
Strukturpapier in Lila
Nadel
Lochzange

Vorlagen Seite 162

Wohltuende Kräutertees
Gutes für Körper und Seele

Wenn Sie gesammelte Kräuter oder Kräuter aus dem eigenen Garten selbst trocknen wollen, hängen Sie sie stets auf dem Kopf an einem zugigen und trockenen Ort auf und schlagen sie am besten mit Zeitung oder Packpapier ein, damit sie vor Licht geschützt sind. Die Kräuter müssen dann 3 bis 14 Tage trocknen.

Von den getrockneten Kräutern die Stiele von den Blüten und/oder Blättern entfernen. Große Blätter können im Mörser leicht angestoßen werden. Die Mischungen per Löffelmaß mischen und luftdicht, dunkel und trocken lagern.

Pro Tasse 1 gehäuften Teelöffel der Teemischung mit heißem Wasser überbrühen und 5–10 Minuten ziehen lassen, dann abseihen.

Der Tee ist ca. 1 Jahr haltbar.

Die Verpackungsidee für den Kräutertee finden Sie auf Seite 72/73.

Zutaten für Fitness-Mischung

5 EL Zitronengras
5 EL Verbenenkraut
3 EL Hagebuttenschalen
2 EL Orangenschalen
1 TL Saflorblüten

Zutaten für Wellness-Mischung

3 EL Apfelstückchen
2 EL Hagebuttenschalen
1 EL Holunderbeeren
1 EL Zitronengras
1 EL Weißdornblätter
1 EL Eibischblätter
1 TL Weidenröschenkraut
1 TL Heidekrautblüten
1 TL Katzenpfötchenblüten

Zutaten für Hustenfrei-Mischung

3 EL Brombeerblätter
2 EL Quendelkraut (Feldthymian)
1 EL Hagebuttenschalen
1 EL Süßholzwurzel
1 TL Ringelblumenblüten
1 TL Holunderblüten
1 TL Lindenblüten
½ TL Fenchel

45 Min. Zubereitung

Dose und Teebeutel für den Kräutertee

Material

runde Metalldose,
ø ca. 11 cm
Scrapbook-Papier in
Braun-Grün gemustert und
Rückseite in Braun-Weiß
getupft
Küchengarn
Faden in Weiß
runde Filterblätter,
ø ca. 9 cm
doppelseitiges Klebeband
Motivlocher: Kreis,
ø ca. 3 cm
Nähnadel
Nähmaschine
Zirkel

Messen Sie zunächst den Umfang und die Höhe der Dose aus (hier: 34,5 cm Umfang, bis zum unteren Deckelrand 4,5 cm hoch). Messen Sie dann den Durchmesser des Deckels aus und ziehen Sie 5 mm ab. Ziehen Sie mit dem Zirkel einen Kreis mit dem errechneten Durchmesser (hier: 10,5 cm).

Schneiden Sie einen Papierstreifen von 4,5 cm Breite zu und kleben Sie ihn mit doppelseitigem Klebeband am unteren Rand der Dose entlang auf. Falls der Streifen zu kurz sein sollte, können Sie ihn anstückeln, indem Sie einen zweiten Streifen mit derselben Breite zuschneiden. Die Länge richtet sich nach dem fehlenden Stück. Kleben Sie auch diesen Streifen mit doppelseitigem Klebeband auf. Aus dem Papier außerdem einen Kreis mit 10,5 cm Durchmesser schneiden und mittig auf den Deckel kleben.

Für die Teebeutel teilen Sie je ein rundes Filterpapier in der Mitte und falten es jeweils in der Hälfte. Steppen Sie den Teebeutel an der Falzkante und an einer offenen Seite mit der Nähmaschine ab, füllen Sie den Tee ein und nähen Sie die dritte Seite zu.

Nun wird noch der Faden befestigt. Ziehen Sie das Küchengarn mithilfe der Nadel an der runden Seite durch den Teebeutel und verknoten Sie ihn gut. Aus dem restlichen Papier mit dem Kreislocher pro Beutel jeweils zwei Kreise ausstanzen. Das Schnurende zwischen die Kreise legen und diese miteinander verkleben.

Aromatisches Kräuteröl
vielseitig verwendbar

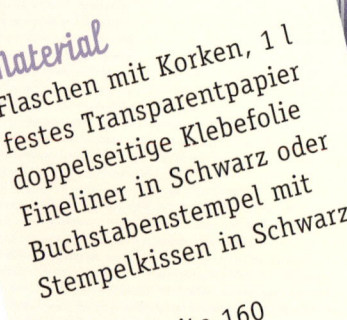

Material
Flaschen mit Korken, 1 l
festes Transparentpapier
doppelseitige Klebefolie
Fineliner in Schwarz oder
Buchstabenstempel mit
Stempelkissen in Schwarz

Vorlage Seite 160

Rosmarinöl

Den Rosmarin waschen, trocken tupfen und in eine saubere Glasflasche füllen. Den Knoblauch schälen und halbieren oder vierteln, sodass die Stücke durch den Flaschenhals passen. Dann noch die Zitronenschale hinzufügen. Nun wird das Olivenöl hinzugegossen. Achten Sie darauf, dass alle Kräuter mit dem Öl bedeckt sind. Vor dem ersten Gebrauch sollte das Öl 2 Wochen durchziehen.

Das Rosmarinöl ist 6 Monate haltbar.

Thymianöl

Die Thymianzweige waschen, trocken tupfen und zusammen mit den Chilischoten in eine saubere Glasflasche füllen. Lorbeerblatt und Gewürze hinzufügen und das Olivenöl hinzugießen. Achten Sie darauf, dass alle Kräuter mit dem Öl bedeckt sind. Vor dem ersten Gebrauch sollte das Öl 2 Wochen durchziehen.

Das Thymianöl ist 1 Jahr haltbar.

Etikett

Machen Sie von der Vorlage eine Farbkopie auf festes Transparentpapier. Schneiden Sie die Form mit etwa 1 mm Zugabe aus und beschriften Sie sie mit Fineliner. Alternativ können Sie den Schriftzug auch mit Buchstabenstempeln zusammensetzen. Befestigen Sie das Etikett mit kleinen Stücken Klebeband an der Flasche.

Rosmarinöl
Zutaten für 1 Flasche à ca. 500 ml

4–8 Zweige Rosmarin
2–3 Knoblauchzehen
frisch geschälte, unge-
spritzte Zitronenschale
500 ml Olivenöl

Thymianöl
Zutaten für 1 Flasche à ca. 500 ml

6 Zweige getrockneter
Thymian
2 getrocknete Chilischoten
10 schwarze Pfefferkörner
8 zerstoßene Pimentkörner
1 Lorbeerblatt
½ TL zerstoßene
Fenchelsamen
500 ml Olivenöl

5 Min. Zubereitung (ohne
Zeit zum Ziehen)

Spitzwegerich

Wildkräuteressig
Geschmack aus der Natur

Wegerich

Die Zubereitung dieses Essigs beginnt mit einem Waldspaziergang, auf dem die Wildkräuter gesammelt werden. Dann werden die Kräuter gewaschen, trocken getupft und – ganz oder klein geschnitten – in eine saubere Glasflasche gefüllt. Den Essig hinzugießen. Achten Sie darauf, dass alle Kräuter mit dem Essig bedeckt sind. Lassen Sie den Essig 2 Wochen durchziehen, bevor Sie ihn verwenden.

Tipp: Anstatt mit Wildkräutern können Sie den Essig natürlich auch mit Gartenkräutern wie Dill, Petersilie und Schnittlauch ansetzen. Die Vorgehensweise ist dieselbe.

Der Essig ist 6 Monate haltbar.

Die Verpackungsidee für den Kräuteressig finden Sie auf Seite 78/79.

Zutaten
für 1 Flasche à 700 ml
1 Handvoll Wildkräuter
(z. B. Löwenzahn, Wegerich, Klee, Sauerampfer, Veilchen, Taubnessel, Spitzwegerich, Wasserdarm, Vogelmiere)
ca. 700 ml Weinessig

5 Min. Zubereitung
(ohne Zeit zum Ziehen)

Sauerampfer

Klee

Löwenzahn

Grünes Etikett
für den Wildkräuteressig

Material
Flaschen mit Korken,
ca. 700 ml
Strukturkarton in Moos-
grün
Transparentpapier
Fotokarton in Weiß
Naturbast
Motivlocher: Kreis,
ø 3,5 cm
Eckenstanzer
Drucker

Vorlage Seite 160

Drucken Sie die Vorlage auf dem grünen Strukturkarton aus. Alternativ können Sie sie mit Transparentpapier übertragen. Legen Sie dazu festes Transparentpapier auf die Vorlage und pausen Sie die Linien mit einem weichen Bleistift durch. Drehen Sie das Transparentpapier um und legen Sie es mit der Vorderseite nach unten auf den Strukturkarton. Fahren Sie dann die Linien mit einem harten Bleistift nach. Die Linien übertragen sich dadurch auf den Untergrund. Schneiden Sie nun die Außen- und Innenlinien aus.

Schneiden Sie ein Transparentpapierstück zu, das etwas größer als das Strukturpapier ist (ca. 6 cm x 27 cm), aber an der gleichen Stelle den runden Ausschnitt für den Flaschenhals hat. Kleben Sie das Transparentpapier hinter den Strukturkarton.

Drucken Sie den Schriftzug „Wildkräuter" auf ein Stück weißes Tonpapier und schneiden Sie ihn aus (ca. 1 cm x 7,5 cm). Schieben Sie nun das Etikett über den Flaschenhals, wickeln Sie den Bast um den Hals und befestigen Sie ihn mit dem „Wildkräuter"-Schriftzug auf dem Etikett.

Kleine Warenkunde

Küchenkräuter

Rosmarin

Dieses ebenfalls mediterrane Kraut lässt sich leicht an den nadelähnlichen Blättchen erkennen. Ihr Geruch ist harzig-pikant. Rosmarin entwickelt sein volles Aroma erst, wenn er mitgekocht oder -gebacken wird.

Thymian

Rosmarin

Schnittlauch

Thymian

Thymian hat seinen Ursprung im Mittelmeerraum. Heute findet man den mehrjährigen, immergrünen Halbstrauch in den gesamten gemäßigten Breiten. Die Blätter sind relativ klein und dunkel- bis graugrün. Die Pflanze duftet stark aromatisch.

Schnittlauch

Schnittlauch ist eines der populärsten Küchenkräuter und mag keine Hitze, da er sonst an Aroma verliert. Die grünen Halme sollten Sie daher stets frisch oder tiefgefroren verwenden. Getrockneter Schnittlauch hat kaum noch Geschmack.

Glatte Petersilie

Glatte Petersilie ist in die deutschen Küchen eingezogen und verdrängt immer stärker die krause Petersilie. Das feine würzige Aroma der glatten Petersilie kommt am besten bei frischer Verwendung in Salaten oder Dips zur Geltung.

Kresse

Gartenkresse schmeckt roh leicht scharf, ihr Geschmack erinnert an Senf oder Rettich. In Dips auf Quark- oder Joghurtbasis ist sie häufig zu finden. Die zarten Blättchen werden auch gerne zum Würzen von Salaten, Suppen oder Eierspeisen verwendet.

Dill

latte Petersilie

Dill

Dill wird mancherorts auch gerne als Gurkenkraut bezeichnet. Auch wenn er gut mit Gurke harmoniert, passt er mit seinem süßlich-aromatischen Geschmack ausgezeichnet auch zu Fisch, grünen Blattsalaten, Kartoffeln und hellen Soßen.

Kresse

Kräuter-Gurken-Suppe für heiße Sommertage

Zuerst schälen Sie die Gurke, halbieren sie längs, entkernen sie und würfeln sie grob. Dann die Petersilienwurzel schälen und fein würfeln. Beides in der Sahne 10 Minuten köcheln lassen. Die Kräuter waschen und trocken schütteln. Einige Kräuter als Deko beiseite legen, den Rest fein hacken.

Die Gurkenmischung mit Kräutern, Buttermilch und Meerrettich pürieren. Dann die Suppe mit Salz und Pfeffer abschmecken und kalt stellen.

Den Knoblauch schälen und halbieren. Die Brotscheiben mit Olivenöl beträufeln. Rösten Sie die Brotscheiben 2 bis 3 Minuten unter dem Backofengrill und reiben Sie sie anschließend mit Knoblauch ein.

Kalte Suppe in Gläser füllen, mit Kräutern garnieren und das Knoblauchbrot anhängen.

Die Suppe ist 1–2 Tage im Kühlschrank haltbar.

Die Verpackungsidee für die Suppe finden Sie auf Seite 84/85.

Zutaten für 4 Portionen

400 g Salatgurke
1 Petersilienwurzel
150 g Schlagsahne
1 Bund Kräuter (z. B. Dill, Kresse, Petersilie)
500 ml Buttermilch
2 TL Meerrettich aus dem Glas
Salz, Pfeffer
1 Knoblauchzehe
8 Scheiben Ciabatta
2 EL Olivenöl

30 Min. Zubereitung

Originelles Etikett für die Kräuter-Gurken-Suppe

Material

Einmachgläser mit Klammerverschluss, 500 ml oder 1 l
Tonkarton in Grau
Filz in Grün
Satinband in Creme, 3 mm breit
doppelseitiges Klebeband
Drucker
spitze Schere

Schneiden Sie aus dem grauen Tonkarton ein Rechteck von 9,5 cm x 6,5 cm und aus dem Filz ein Rechteck von 9 cm x 6 cm aus. In den Filz werden an allen vier Ecken jeweils zwei Schnitte gesetzt, einmal parallel zur kurzen und einmal parallel zur langen Kante. Dazu brauchen Sie eine recht feine, spitze Schere. Ziehen Sie durch die Schlitze das cremefarbene Satinband, das über den Rand hinausläuft und gleichsam einen zusätzlichen Rahmen bildet.

Auf grauem Tonpapier den Schriftzug ausdrucken oder von Hand schreiben und asymmetrisch kleine Rechtecke (ca. 6 cm x 2,5 cm) ausschneiden. Kleben Sie den Schriftzug auf den Filz und diesen auf das Tonkartonrechteck. Alles zusammen auf das Einmachglas mit der Suppe kleben.

Kräuter-Gurken-Suppe

Kräuter-Gurken-Suppe

Kräuter-Feta-Taschen

kleiner Snack zwischendurch

Den Blätterteig auftauen lassen, dabei die Rechtecke einzeln legen, zu Quadraten teilen und leicht ausrollen. Das Ei trennen und die Teigränder mit Eiweiß bestreichen.

Für die Füllung zerbröseln Sie den Schafskäse und heben die Kräuter und Oliven unter. Die Käsemasse auf den Teigvierecken verteilen und diese zum Dreieck zusammenklappen. Die Naht mit einer Gabel fest andrücken und die Oberseiten der Teigtaschen mit Eigelb bestreichen. Die Kräuter-Feta-Taschen auf ein Backblech mit Backpapier setzen und im auf 200 °C vorgeheizten Ofen etwa 25 Minuten backen.

Die Taschen sind 1 bis 3 Tage im Kühlschrank haltbar.

Die Verpackungsidee für die Kräuter-Feta-Taschen finden Sie auf Seite 88/89.

Zutaten für 6 Taschen

3 Scheiben TK-Blätterteig (225 g)
1 Ei
150 g Schafskäse (Feta)
je 2 EL fein gehackte Petersilie, Schnittlauch und Thymian
10 fein gehackte schwarze Oliven

30 Min. Zubereitung
25 Min. Backzeit

Schachtel mit Wellen
für die Kräuter- Feta-Taschen

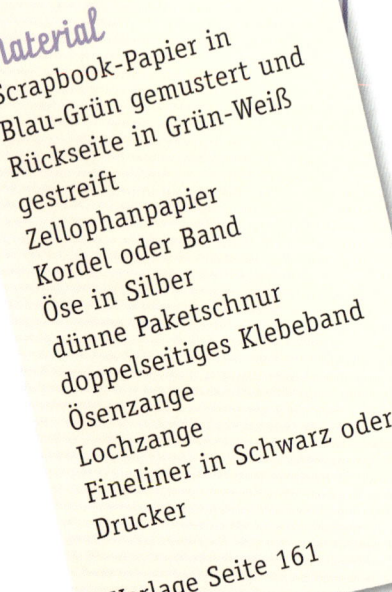

Material

Scrapbook-Papier in Blau-Grün gemustert und Rückseite in Grün-Weiß gestreift
Zellophanpapier
Kordel oder Band
Öse in Silber
dünne Paketschnur
doppelseitiges Klebeband
Ösenzange
Lochzange
Fineliner in Schwarz oder Drucker

Vorlage Seite 161

Kopieren Sie die Vorlage auf das Scrapbook-Papier oder übertragen Sie sie mithilfe einer Schablone. Dazu die Vorlage auf Transparentpapier durchpausen, auf ein Stück Karton kleben und ausschneiden. Die so entstandene Schablone auf das Papier legen, mit einem Bleistift umfahren und ausschneiden.

Entlang der gepunkteten Linien falten und die Laschen so verkleben, dass eine Box entsteht. Den Innenboden der Schachtel mit doppelseitigem Klebeband bekleben. Ein großes Stück Zellophanpapier zuschneiden und über die Schachtel legen. Etwa mittig mithilfe der Klebestreifen auf dem Innenboden der Schachtel fixieren. Die Kräuter-Feta-Taschen hineinlegen, das Zellophanpapier oben zusammenraffen und mit einem Band oder einer Kordel verschnüren.

Aus dem restlichen Papier zwei längliche Anhänger ausschneiden (1,5 cm x 8 cm und 2 cm x 8,5 cm). Mit der Lochzange je ein Loch in die kurze Seite des Anhängers stanzen. Den kleineren Anhänger mit einer Öse versehen und beschriften (von Hand oder mit dem Drucker). Beide Anhänger übereinanderlegen, mit einer Kordel zusammenfassen und an der Verpackung befestigen.

Kräuter-Feta-Taschen

Welt der Gewürze

Gewürze aus fernen Ländern und exotische Aromen sind schon lange fester Bestandteil in unserem kulinarischen Repertoire. Chili, Curry, Zimt und Ingwer bringen den Geschmack der großen weiten Welt in eine Vielzahl an Gerichten.

Gewürze nehmen uns
mit auf kulinarische Reisen
in ferne Länder und geben
Einblicke in fremde Küchen. Süß,
pikant oder scharf: Pfeffer, Zimt,
Chili und Co. verleihen Gerichten
das gewisse Etwas und sind als
Gewürzmischungen oder -salze
ein tolles Geschenk.

CHILI-SCHOKO-SALZ

CHILI-SCHOKO-SALZ

CHILI-SCHOKO-SALZ

Mexikanisches Chili-Schoko-Salz
feurig und herb

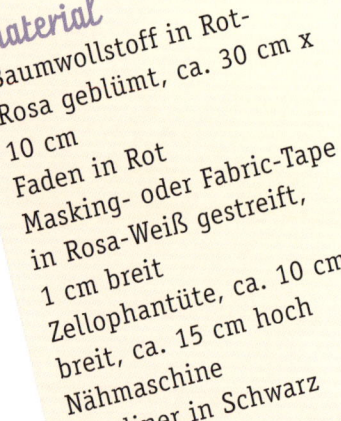

Material
Baumwollstoff in Rot-Rosa geblümt, ca. 30 cm x 10 cm
Faden in Rot
Masking- oder Fabric-Tape in Rosa-Weiß gestreift, 1 cm breit
Zellophantüte, ca. 10 cm breit, ca. 15 cm hoch
Nähmaschine
Fineliner in Schwarz

Chili-Schoko-Salz

Zuerst wird die Schokolade auf einer Reibe fein gerieben. Zusammen mit dem Chiliflocken und dem Meersalz vermengen und in einem luftdicht verschlossenen Gefäß kühl und trocken lagern.

Das Chili-Schoko-Salz ist ca. 4 bis 6 Monate haltbar.

Säckchen

Säumen Sie die beiden kurzen Enden des Stoffes und legen Sie den Stoff in der Mitte rechts auf rechts. Das bedeutet, dass Sie den Stoff mit der Vorderseite (also der schönen Seite) aufeinanderlegen. An den beiden nicht versäumten Seitenöffnungen wird das Säckchen nun zusammengenäht.

Dann kann das Säckchen auf rechts gewendet werden. Um die Ecken schön auszuformen, können Sie einen spitzen Gegenstand, z. B. eine Stricknadel, verwenden. Stecken Sie die Zellophantüte in das Säckchen und füllen Sie das Chili-Schoko-Salz hinein.

Ein Stück Masking-Tape mit schwarzem Fineliner beschriften. Die Öffnung des Säckchens einmal umklappen und das Tape schräg darüberkleben.

Zutaten für 200 g
50 g Zartbitterkuvertüre
3 EL Chiliflocken
150 g grobes Meersalz

5 Min. Zubereitung

Apfel-Chutney
zwischen Orient und Okzident

Schälen Sie die Äpfel, vierteln Sie sie, entfernen Sie Kerngehäuse, Stiel- und Blütenansatz und schneiden Sie sie in Würfel. Ingwer und Knoblauch schälen und fein hacken. Die Chilischoten waschen, putzen und in feine Streifen schneiden.

Dann das Öl in einem Topf erhitzen. Schwitzen Sie Ingwer, Knoblauch und Currypulver darin an. Apfelwürfel und Chilistreifen sowie Zucker und Essig hinzugeben und das Ganze 15 Minuten köcheln lassen. Rosinen und Zimt zwischendurch einrühren und mit Salz und Pfeffer abschmecken. Sobald das Chutney eine dickliche Konsistenz aufweist, füllen Sie es in heiß ausgespülte Gläser und verschließen diese gut.

Das Chutney ist ca. 3 Monate haltbar.

Die Verpackungsidee für das Apfel-Chutney finden Sie auf Seite 98/99.

**Zutaten für
2 Gläser à 250 ml**

500 g Äpfel, z. B. Goldparmäne
4 cm Ingwer
5 Knoblauchzehen
4 rote Chilischoten
2 EL Olivenöl
1 TL Currypulver
200 g brauner Zucker
100 ml Weißweinessig
100 g Rosinen
¼ TL Zimt
Salz, Pfeffer

35 Min. Zubereitung

Kleine Bauchbinde für das orientalische Apfel-Chutney

Material
Einmachgläser mit Klammerverschluss, 250 ml
Scrapbook-Papier in Hellgrün-Blau gemustert
Kopierpapier in Weiß
Bast in Hellblau
Drucker
Motivlocher: Kreis, ø 6,5 cm

Vorlage Seite 162

Schneiden Sie aus dem Scrapbook-Papier einen Streifen mit 31 cm Länge und 7,5 cm Breite zu. Falzen Sie den Streifen nach 7 cm, 6,5 cm, 7 cm und 6,5 cm und schneiden Sie den Kreisausschnitt (ø 6,5 cm) zu.

Schneiden Sie dann auf einer Seite den Steifen längs in der Mitte durch und legen Sie ihn um das mit Chutney gefüllte Glas. Schließen Sie die offene Seite mit Klebeband und kleben Sie die Manschette auf der Unterseite des Glases zusammen.

Drucken Sie mit dem Computer den Schriftzug auf Papier, übertragen Sie die ovale Vorlage so auf das Papier, dass der Schriftzug mittig sitzt. Schneiden Sie das Etikett aus und kleben Sie es auf die Manschette. Jetzt fehlt nur noch die Bastschleife, die Sie um den Hals des Glases binden.

Tipp: Sie können das Etikett auch mithilfe von doppelseitigem Klebeband direkt auf das Glas kleben und die Schleife einfach um das Glas binden. Das ist die einfachere Lösung.

Apfelchutney

Rosmarinkekse
für den kleinen Hunger

Das Mehl mit Backpulver, Butter, Salz, Eigelb, Rosmarin und 2–3 EL kaltem Wasser zu einem glatten Teig verkneten. Den Teig in Folie wickeln und 30 Minuten im Kühlschrank kalt stellen.

Anschließend den Teig auf einer bemehlten Arbeitsfläche ca. 5 mm dünn ausrollen. Schneiden Sie mit einem Messer rechteckige Kekse und setzen Sie sie auf ein mit Backpapier belegtes Blech.

Stechen Sie mit einer Gabel mehrmals vorsichtig in die Kekse und bestreichen Sie sie mit etwas Milch. Die Plätzchen im auf 200 °C vorgeheizten Backofen etwa 12 Minuten backen, abkühlen lassen und dann verpacken.

Die Rosmarinkekse sind 2 bis 6 Wochen haltbar.

Die Verpackungsidee für die Rosmarinkekse finden Sie auf Seite 102/103.

Zutaten
für ca. 40 Kekse

200 g Mehl
1 TL Backpulver
80 g kalte Butter
¼ TL Salz
1 Eigelb
1–2 TL fein gehackter Rosmarin
3–4 EL Milch

15 Min. Zubereitung (ohne Ruhezeit)
12 Min. Backzeit

Karierte Schachtel für die Rosmarinkekse

Material
Fotokarton in Weiß
Scrapbook-Papier in Hellblau-Weiß kariert
Kopierpapier in Weiß
dünne Paketschnur
Öse in Silber
Eckenstanzer
evtl. Falzbein
Ösenzange
doppelseitiges Klebeband
Drucker

Vorlage Seite 163

Die Vorlage auf weißen Karton kopieren oder übertragen. Legen Sie dazu festes Transparentpapier auf die Vorlage und pausen Sie die Linien mit einem weichen Bleistift durch. Drehen Sie das Transparentpapier um und legen Sie es mit der Rückseite nach oben auf den Karton. Fahren Sie dann die Linien mit einem harten Bleistift nach. Die Linien übertragen sich dadurch auf den Karton. An der gestrichelten Linie ausschneiden, an den gepunkteten Linien falzen und zusammenkleben.

Schneiden Sie das Scrapbook-Papier auf die Maße von 17,5 cm x 15,5 cm zu. Mit dem Eckenstanzer die Ecken abrunden. Die Rückseite mit doppelseitigem Klebeband bekleben und um die weiße Schachtel kleben. Lassen Sie dabei etwas weißen Rand stehen.

Aus dem restlichen Musterpapier noch zwei Rechtecke à 2 cm x 4 cm zuschneiden, mit dem Eckenstanzer abrunden und an die Seiten kleben.

Mit einer Lochzange etwa mittig vorne zwei Löcher stanzen und zwei Ösen befestigen. Die Paketschnur durch die Löcher ziehen, um die Schachtel binden und dekorativ verknoten.

Schneiden Sie aus den Papierresten einen passenden Anhänger zu, versehen Sie ihn mit einer Öse und beschriften Sie ihn. Wenn Sie den Anhänger mit dem Computer beschriften, müssen Sie das vor dem Ausschneiden tun.

Rosmarinkekse

Kräuter-Lachs-Küchlein

aus dem hohen Norden

Lassen Sie den Blätterteig auftauen. Geben Sie dann Mehl, Salz, Hefe, Zucker und Milch in eine Schüssel und verkneten Sie die Zutaten zu einen Teig. Lassen Sie ihn solange an einem warmen Ort ruhen, bis er sein Volumen verdoppelt hat.

Den Lachs in Streifen schneiden. Den Lauch waschen, putzen und in feine Ringe schneiden. Den Hefeteig zu einem 30 cm x 45 cm großen Rechteck ausrollen und erneut gehen lassen.

Die Blätterteigplatten werden aufs identische Maß ausgerollt. Den Hefeteig mit der Hälfte des Lachses und dem Lauch belegen. Die Blätterteigplatten darauf setzen und mit dem Rest belegen.

Rollen Sie den Teig auf und schneiden Sie die Rolle in 3 cm breite Scheiben. Die Schnecken auf ein mit Backpapier ausgelegtes Blech setzen und im unteren Drittel des auf 200 °C vorgeheizten Backofens etwa 20 Minuten backen.

Die Schnecken sollten kalt verpackt und möglichst noch am selben Tag verzehrt werden. Im Kühlschrank sind sie 1 bis 2 Tage haltbar.

Die Verpackungsidee für die Kräuter-Lachs-Küchlein finden Sie auf Seite 106/107.

Zutaten
für ca. 6 Küchlein

3 Scheiben TK-Blätterteig (225 g)
500 g Weizenmehl (Type 405)
1 TL Salz
1 Päckchen Trockenhefe
1 TL Zucker
350 ml lauwarme Milch
150 g geräucherter Lachs
2 Stangen Lauch

40 Min. Zubereitung (ohne Ruhezeit)
20 Min. Backzeit

Schachteln für die Kräuter-Lachs-Küchlein

Material

Fotokarton in Grün
Masking-Tape in Orange,
5 mm breit, und in
Orange-Weiß gemustert,
1,5 cm breit
dünne Paketschnur
Kordel in Orange-Weiß
Butterbrotpapier oder
Zellophantüte
Falzbein
Lineal
Lochzange oder Cutter
mit geeigneter Schneide-
unterlage

Vorlage Seite 164

Übertragen Sie die Vorlage mithilfe einer Schablone. Dazu die Vorlage auf Trans-parentpapier durchpausen, auf ein Stück Karton kleben und ausschneiden. Die so entstandene Schablone auf den Fotokarton legen, mit einem Bleistift umfahren und ausschneiden.

Entlang der gepunkteten Linien auf der Vorlage den Karton vorfalzen (am besten ein Lineal an die Linie anlegen und mit dem Falzbein daran entlangfahren). Mit dem Cutter in zwei Seitenteile je zwei kleine Schlitze einschneiden. Alternativ können Sie auch mit einer Lochzange Löcher ausstanzen.

Dann werden über die Kanten abwechselnd kurze Stücke Masking-Tape geklebt. Achten Sie darauf, dass die Stücke unterschiedlich lang sind.

Nun muss nur noch die Kräuter-Lachs-Schnecke in die Schachtel gelegt werden (am besten in etwas Butterbrotpapier oder einer Zellophantüte). Dann die Schach-tel mit der Kordel verschließen.

Gewürzmischungen
Geschmack des Südens

Arrabbiata-Gewürzmischung

Den Knoblauch schälen und in feine Scheiben schneiden, auf eine Schnur ziehen und trocknen lassen. Dann die Knoblauchscheiben auf der Parmesanreibe einer Küchenmaschine fein raspeln. Mischen Sie die Knoblauchstückchen mit den Chiliflocken, der Petersilie und dem Salz und füllen Sie die Mischung in Gläser oder luftdichte Tütchen.

Die Arrabbiata-Gewürzmischung ist ca. 6 Monate haltbar.

Provence-Gewürzmischung

Die Lorbeerblätter in einem Mörser zermahlen. Mischen Sie alle Kräuter gründlich mit dem Salz zusammen und füllen Sie sie in Gläser oder luftdichte Tütchen ab.

Die Provence-Gewürzmischung ist ca. 6 Monate haltbar.

Die Verpackungsidee für die Gewürzmischungen finden Sie auf Seite 110/111.

Arrabbiata-Gewürzmischung
Zutaten für ca. 20 g
10 Knoblauchzehen
6 EL Chiliflocken
1 Handvoll getrocknete, gerebelte Petersilie
3 TL Salz

5 Min. Zubereitung
3 Tage Trocknungszeit

Provence-Gewürzmischung
Zutaten für ca. 25 g
2 getrocknete Lorbeerblätter
2 EL getrocknete Thymianblättchen
2 EL getrocknete, zerschnittene Rosmarinnadeln
2 EL getrockneter, gerebelter Oregano
2 EL getrockneter, gerebelter Majoran
1 EL getrocknetes Bohnenkraut
1 EL getrocknete Lavendelblüten
2 TL Salz

5 Min. Zubereitung

Bodentüten mit Fenster für die Kräutermischungen

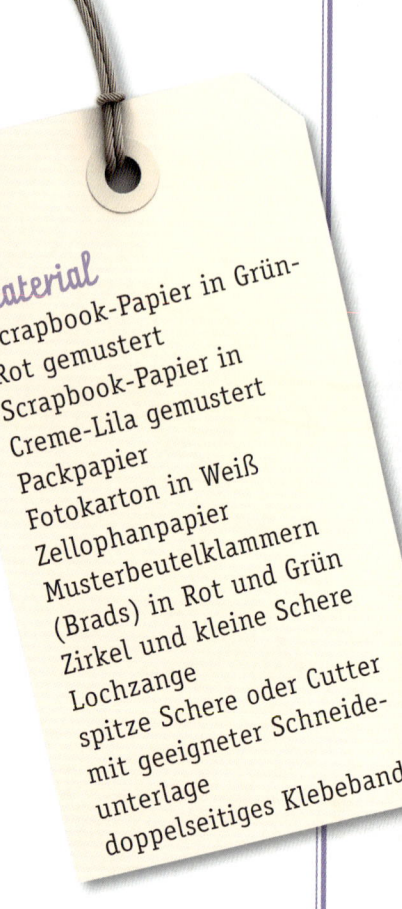

Material
Scrapbook-Papier in Grün-Rot gemustert
Scrapbook-Papier in Creme-Lila gemustert
Packpapier
Fotokarton in Weiß
Zellophanpapier
Musterbeutelklammern (Brads) in Rot und Grün
Zirkel und kleine Schere
Lochzange
spitze Schere oder Cutter mit geeigneter Schneide-unterlage
doppelseitiges Klebeband

Schneiden Sie das Scrapbook- oder Packpapier auf die Größe von 14,5 cm x 26 cm zu. Legen Sie das Papier hochkant und falzen Sie es – ausgehend von einer langen Seite – bei 4 cm und 10,5 cm.

Auf die Vorderseite wird mit einem Zirkel ein Kreis mit einem Durchmesser von 3,5 cm aufgezeichnet und mit dem Cutter oder einer spitzen Schere ausgeschnitten. Sie können das Loch auch mit einem Kreisstanzer in der passenden Größe ausstanzen. Dahinter ein Stück Zellophanpapier kleben.

Für die grüne Tüte schneiden Sie zusätzlich einen Kreis aus weißem Fotokarton zu (ø 6,5 cm) und schneiden oder stanzen mittig einen Kreis (ø 3,5 cm) aus. Der Ring wird rundherum beschriftet und um das Fenster auf die Tüte geklebt.

Für die Packpapiertüte einen 5,5 cm breiten Streifen aus Scrapbook-Papier zuschneiden, mit einem Loch (ø 3,5 cm) versehen und um das Fenster auf die Tüte kleben.

Nun die Tüte an den Längsseiten zusammenklappen und auf der Rückseite mit doppelseitigem Klebeband zukleben. Die Unterseite bei ca. 3 cm umschlagen. Die Tüte leicht öffnen und die Seitenfalze nach innen klappen. Die Spitzen der so enstandenen dreieckigen Flügel jeweils nach innen falten und den Boden der Tüte verkleben. Die Gewürzmischungen einfüllen, die offene Seite der Tüte zweimal umschlagen, lochen und mit einer Klammer verschließen. Falls gewünscht können Sie auch einen kleinen Anhänger befestigen.

ARRABBIATA MISCHUNG

Provence-
Mischung

Süße Lust

Manchmal muss man einfach der Verführung süßer Naschereien erliegen. Kleine Köstlichkeiten aus Schokolade, Butter und Zucker wie Pralinen, Karamellen, Sirup oder Kekse sind Gute-Laune-Macher und Seelentröster zugleich. Einfach lecker!

Süße Kleinigkeiten, die
auf der Zunge zergehen und
den Alltag kurz vergessen lassen;
Klassiker, die den Geschmack der
Kindheit zurückbringen: Wer will
auf Schokolade, Bonbons oder Kekse
verzichten? Zucker – wie auch
Salz – gehört einfach zum
Leben dazu.

Karamellbonbons
der Klassiker

Material
Briefumschlag, C6
Masking-Tape in Hellgrün-
Weiß gestreift, 3 cm breit,
Hellblau, 1 cm breit, und
Hellgrün, 5 mm breit
Seidenpapier in Weiß
Musterbeutelklammer
(Brad) mit Blumenmotiv,
ø 1,2 cm
Motivlocher: Kreis,
ø 2,5 cm

Karamellen

Lassen Sie den Zucker in einer Pfanne zusammen mit der Butter karamellisieren. Sobald der Zucker anfängt braun zu werden, rühren Sie die Sahne ein und lassen das Ganze unter Rühren köcheln, bis die Masse keine Blasen mehr wirft.

Gießen Sie sie dann auf ein Stück Alufolie, das auf einem Holzbrett oder einer Marmorplatte liegt (Vorsicht: Kunststoff ist nur bedingt geeignet). Das Karamell wird sehr schnell fest. Wer also eine Tafel gießt, sollte möglichst schnell mit einem Frühstücksmesser Linien ziehen, damit die Tafel in Stücke zerteilt werden kann.

Trocken und kühl gelagert sind die Karamellen 1 Jahr haltbar.

**Zutaten
für ca. 12 Plättchen**
100 g Zucker
35 g Butter
15 g Schlagsahne

15 Min. Zubereitung

Kleine Tüten

Legen Sie den Briefumschlag hochkant und bekleben Sie ihn auf beiden Seiten im Wechsel mit Masking-Tape. Schneiden Sie dann eine kurze Seite auf und falten Sie den Umschlag rechts, links und unten jeweils um 2 cm um. Dann den Bodenfalz nach innen drücken, sodass sich der Umschlag öffnet und unten zwei kleine dreieckige Laschen bildet. Die Laschen umfalten und festkleben. Die seitlichen Falze werden ebenfalls nach innen gefaltet. Auf diese Weise entsteht eine Bodentüte.

Knicken Sie die Tüte an der offenen Seite einmal um und lochen Sie sie. Stanzen oder schneiden Sie dann aus dem Seidenpapier mehrere Kreise aus. Am besten geht das, wenn Sie mehrere Lagen übereinanderlegen, mit einem Heftgerät an den Rändern fixieren und die Kreise ausschneiden bzw. ausstanzen. Die Kreise noch einmal mittig lochen und mit einer Klammer an der Tüte befestigen. Vorher muss die Tüte natürlich befüllt werden.

Cognac-Trüffel
verführerisch cremig

Schmelzen Sie die Schokoladen im Wasserbad, rühren Sie die Butter mit dem Puderzucker schaumig und fügen Sie die weiche, aber schon abgekühlte Schokolade löffelweise hinzu. Zum Schluss wird der Cognac untergerührt.

Die Trüffelmasse zu nussgroßen Kugeln formen, im Kakao oder Puderzucker wälzen und in die Pralinenförmchen setzen.

Die Trüffel sind kühl gelagert 1 Woche haltbar.

Variante

Anstelle von Cognac können Sie Obstbrände, Orangenlikör oder Rum verwenden. Auch das Überziehen mit Kuvertüre ist möglich. Dafür die Masse als Kugeln gefrieren. Kuvertüre in großer Menge in einem kleinen Topf schmelzen lassen. Darin die Kugeln sehr schnell einmal drehen und dann auf Backpapier setzen. In noch leicht weichem Zustand mit Zucker bestreuen.

Die Verpackungsidee für die Pralinen finden Sie auf Seite 120/121.

Zutaten
für 30–40 Trüffel

150 g Vollmilchschokolade
50 g Zartbitterschokolade
125 g Butter
125 g Puderzucker
3 cl Cognac
Kakao und Puderzucker
30–40 Papier-Pralinenförmchen

1 Std. Zubereitung

Pralinenschachtel
für die Cognac-Trüffel

Material

Scrapbook-Papier in Braun-Hellblau gemustert oder Hellblau-Weiß gepunktet

festes Transparentpapier in Weiß

Embellishment mit Blumenornament, ø ca. 1,5 cm

doppelseitiges Klebeband

Falzbein

Fineliner in Schwarz

Vorlage Seite 165

Kopieren Sie die Vorlagen von Ober- und Unterseite der Schachtel auf das Scrapbook-Papier oder übertragen Sie sie mithilfe einer Schablone. Dazu die Vorlage auf Transparentpapier durchpausen, auf ein Stück Karton kleben und ausschneiden. Die so entstandene Schablone auf das Papier legen, mit einem Bleistift umfahren und ausschneiden.

Falten Sie die Schachtel entlang der gepunkteten Linien. Papier lässt sich leichter falten, wenn Sie die Falzlinien vorher mit einem Falzbein nachfahren. Die Schachtel wird an den Klebelaschen zusammengeklebt. Verwenden Sie dafür am besten doppelseitiges Klebeband. Flüssigklebstoff sollte nicht verwendet werden, da er ausdünstet.

Aus dem Transparentpapier wird eine Banderole (5,5 cm x 25 cm) zurechtgeschnitten und beschriftet. Dazu können Sie einen Fineliner verwenden, wenn Sie die Banderole von Hand beschriften wollen. Sie können sie aber auch mit dem Computer beschriften. Drucken Sie den Schriftzug auf das Transparentpapier und schneiden Sie erst dann die Banderole zu.

Füllen Sie die Schachtel, legen Sie dann die Banderole um die Schachtel und schließen Sie sie auf der Unterseite mit doppelseitigem Klebeband. Zum Schluss wird die Schachtel mit einem Embellishment verziert.

Holunderblütensirup
Der Mai ist gekommen!

Material
Flasche mit Korken oder
Schraubverschluss, 500 ml
Büttenpapier in Lila
Schleifenband in Lila-Weiß
geblümt, 1 cm breit
doppelseitiges Klebeband
Fineliner in Schwarz

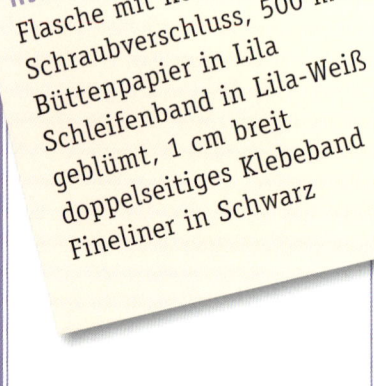

Holunderblütensirup

Die ganzen Blütendolden gründlich waschen und in ein hitzebeständiges Gefäß geben. Die Zitronen waschen, in Scheiben schneiden und zu den Dolden geben.

Bringen Sie dann das Wasser zum Kochen und lösen Sie den Zucker und die Zitronensäure darin auf. Das kochende Zuckerwasser über die Dolden gießen. Den Sirup 4 bis 5 Tage an einem kühlen Ort ziehen lassen und regelmäßig umrühren.

Dann den Sirup abseihen und in verschließbaren Flaschen bis zu 6 Monate kühl lagern. Vor dem Verzehr, je nach Geschmack, mit Wasser verdünnen.

Banderole

Schneiden Sie vom Büttenpapier einen Streifen zu. Der Streifen muss etwas länger als der Umfang der Flasche sein und in der Breite zur Flasche passen (hier: 4,5 cm x 21 cm). Beschriften Sie das Etikett von Hand. Alternativ können Sie das Etikett auch bestempeln.

Das Band wird um den Flaschenhals gelegt und vorne überkreuzt. Am besten fixieren Sie das Band mit etwas doppelseitigem Klebeband. Nun die Banderole um die Flasche legen – fertig.

**Zutaten für
3 Flaschen à 500 ml**

40 Holunderblüten-
dolden
1,5 l Wasser
250 g Zucker
2 unbehandelte
Zitronen
60 g Zitronensäure

15 Min. Zubereitung

Bremer Brot
schmeckt Groß und Klein

Bremer Brot

Bestreichen Sie die Zwiebacke mit Butter, legen Sie sie auf ein Backblech und bestreuen Sie sie mit Zucker und Zimt, alternativ mit Kakaopulver oder Kokosflocken. Im auf 180 °C vorgeheizten Backofen etwa 10 Minuten die Butter mit dem Zucker verschmelzen lassen. Das Bremer Brot auskühlen lassen und verpacken.

Bremer Brot ist 1 bis 3 Monate trocken und kühl gelagert haltbar.

Verpackung

Packen Sie das Bremer Brot in Butterbrotpapier ein und falten Sie die Seiten wie bei einem Geschenk nach unten. Schneiden Sie dann einen Streifen blau-weiß gestreiftes Papier zurecht (3 cm x 28 cm), lochen Sie ihn mittig und befestigen Sie eine Musterbeutelklammer. Legen Sie den Streifen um das Päckchen und kleben Sie ihn auf der Unterseite zusammen. Nun fehlt nur noch der Bast, der über Kreuz um das Päckchen gelegt und um die Musterbeutelklammer herum zugebunden wird.

Material
Scrapbook-Papier in Blau-Weiß gestreift
Butterbrotpapier
Musterbeutelklammer (Brad) in Blau gemustert, ø ca. 1 cm
Naturbast
Lochzange

Zutaten für 12 Stück
12 Zwiebacke
30 g Butter
60 g Zucker
½ TL Zimt oder
1 TL Kakaopulver oder
2 EL Kokosflocken

10 Min. Zubereitung
10 Min. Backzeit

Weiße Haselnuss-Cookies für Genießer

Den Zucker, den Vanillezucker, die Butter und das Ei schaumig rühren. Das Mehl mit Natron und Salz mischen und unter die Masse rühren. Die Haselnüsse und die Kuvertüre grob hacken und unter den Teig heben.

Legen Sie das Backblech mit Backpapier aus. Stechen Sie den Teig mit einem Esslöffel ab und setzen Sie die Häufchen im Abstand von 8 cm auf das Blech.

Im auf 160 °C vorgeheizten Backofen 15 Minuten backen, bis die Ränder goldgelb werden. Die Cookies auf dem Blech auskühlen lassen und verpacken.

Die Cookies sind 1 Monat kühl und trocken gelagert haltbar.

Die Verpackungsidee für die Cookies finden Sie auf Seite 130/131.

Zutaten für 20 Cookies

160 g Zucker
1 Päckchen Vanillezucker
120 g Butter
1 Ei
250 g Weizenmehl
(Type 405)
½ TL Natron
1 Prise Salz
100 g abgezogene Haselnüsse
200 g weiße Kuvertüre

40 Min. Zubereitung
15 Min. Backzeit

Kleine Tüten
für die Haselnuss-Cookies

Material

Scrapbook-Papier in Braun-Grün gemustert
Kopierpapier in Weiß
Masking-Tape in Türkis-Weiß gestreift, 1,5 cm breit
Zellophanpapier oder Frischhaltefolie
Motivlocher: Kreis, ø 3 cm
Cutter mit geeigneter Schneideunterlage
Falzbein oder Messer

Vorlage Seite 166

Kopieren Sie die Vorlage auf das Scrapbook-Papier oder übertragen Sie sie mithilfe einer Schablone. Dazu die Vorlage auf Transparentpapier durchpausen, auf ein Stück Karton kleben und ausschneiden. Die so entstandene Schablone auf das Papier legen, mit einem Bleistift umfahren und ausschneiden. Die beiden Schlitze, durch die später das Etikett geschoben wird, werden mit dem Cutter eingeschnitten.

Die gepunkteten Linien werden vorgefalzt – mit einem Falzbein oder einem Messerrücken – und umgefaltet. An den Klebelaschen wird das Täschchen zusammengeklebt. An der Vorderseite mittig mit dem Motivlocher einen Halbkreis ausstanzen.

Beschriften Sie nun das weiße Papier und schneiden Sie die Etiketten mit 7 cm Länge und 2,5 cm Breite zu. Schieben Sie die Etiketten auf beiden Seiten in die Schlitze und kleben Sie ein kleines Stück Masking-Tape auf (am besten halbieren Sie das Tape längs). Den Cookie in Zellophanpapier oder Frischhaltefolie einschlagen und in die Tüte schieben.

Kekse am Stiel
Schoko trifft Minze

Würfeln Sie die Schoko-Minze-Täfelchen, geben Sie sie zusammen mit der Butter, dem Puderzucker und Salz in eine Rührschüssel und verrühren Sie alles mit den Knethaken eines Handrührgerätes. Das Ei hinzufügen und unterrühren. Mehl, Backpulver und Kakao mischen und zum Teig geben. Die Zutaten werden zu einem glatten Teig verknetet und etwa 2 Stunden kalt gestellt.

Den Teig auf einer bemehlten Arbeitsfläche dünn ausrollen und mit Herzförmchen ausstechen. Die Herzen auf ein mit Backpapier ausgelegtes Backblech setzen.

Backen Sie die Plätzchen auf mittlerer Schiene im auf 160 °C vorgeheizten Backofen etwa 12 Minuten. Die Kekse auskühlen lassen.

Lassen Sie die Kuvertüre im warmen Wasserbad schmelzen und bestreichen Sie jeweils die Hälfte der Kekse damit. Lassen Sie die Glasur trocknen und bestreichen Sie die untere Seite. Legen Sie einen Stiel zwischen die Kekse, drücken Sie je zwei Rückseiten zusammen und lassen Sie sie trocknen. Dann können die Kekse verpackt werden.

Kühl und trocken gelagert sind die Kekse 4 Wochen haltbar.

Die Verpackungsidee für die Kekse finden Sie auf Seite 134/135.

Zutaten
für ca. 20 Stück

50 g Schoko-Minze-Täfelchen
125 g weiche Butter
50 g Puderzucker
1 Prise Salz
1 Ei
250 g Mehl
1 TL Backpulver
2 EL Kakao

Außerdem:
100 g Zartbitterkuvertüre
Schaschlickspieße (Spitzen mit einer Kneifzange abzwicken)

45 Min. Zubereitung (ohne Ruhezeit)
12 Min. Backzeit

Blau-weiße Manschetten
für die Herzkekse am Stiel

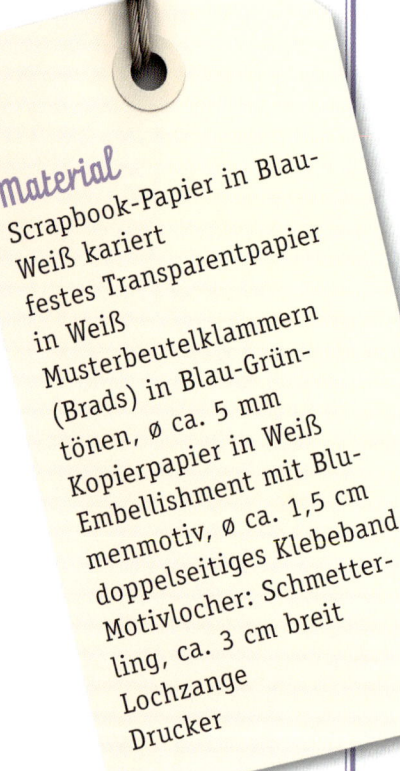

Material

Scrapbook-Papier in Blau-Weiß kariert

festes Transparentpapier in Weiß

Musterbeutelklammern (Brads) in Blau-Grün-tönen, ø ca. 5 mm

Kopierpapier in Weiß

Embellishment mit Blumenmotiv, ø ca. 1,5 cm

doppelseitiges Klebeband

Motivlocher: Schmetterling, ca. 3 cm breit

Lochzange

Drucker

Schneiden Sie einen Streifen aus festem Transparentpapier (6 cm x 15 cm) und einen Streifen aus dem Scrapbook-Papier (5 cm x 15 cm) zu. Falten Sie beide Streifen einmal in der Mitte und jeweils 1 cm von den kurzen Seiten entfernt und kleben Sie das Scrapbook-Papier auf das Transparentpapier. Stanzen Sie dann mit der Lochzange ein kleines Loch in die umgeklappten Seiten und schneiden Sie den Steg vom Rand her ein.

Drucken Sie dann den Text auf das weiße Papier und schneiden Sie kleine Fähnchen mit den Maßen 1,2 cm x 5 cm zu. Stanzen Sie anschließend zwei Schmetterlinge aus Transparentpapier aus und lochen Sie sie in der Mitte. An den unteren Schmetterling wird das Fähnchen geklebt. In die linke obere Ecke ein Loch in den Streifen stanzen. Die Klammer durch beide Schmetterlinge führen und durch das Loch im Streifen stecken. Nun fehlt noch das Embellishment.

Legen Sie den Streifen um den Keks am Stiel und führen Sie den Stiel durch die Löcher, sodass beide Laschen übereinanderliegen. Das Ganze mit doppelseitigem Klebeband zusammenkleben.

Wintergenüsse

Wärmende Leckereien sind genau das Richtige in der kalten Jahreszeit. Deftiges und Nahrhaftes wie Knäckebrot, Glühweingelee oder Hackbällchen stärken nicht nur für lange Schneewanderungen, sondern wärmen auch die Seele.

KNÄCKEBROT

KNÄC

Im Winter wird gerne mit Zutaten wie Zwiebeln oder Käse gekocht und gebacken. Das kalte Wetter macht einfach Lust auf deftige Gerichte. Da sind Knäckebrot mit Körnern, Käsestangen, Hackbällchen oder Gelee aus Glühwein besonders willkommene Mitbringsel.

Knäckebrot
der Klassiker
aus Skandinavien

Mischen Sie Sonnenblumenkerne, Sesam, Leinsamen und Kürbiskerne und stellen Sie 50 g beiseite. Geben Sie die restlichen Zutaten in eine Schüssel und verrühren Sie sie miteinander, sodass ein breiiger Teig entsteht.

Zwei Backbleche mit Backpapier auslegen und den Teig dünn auf die beiden Bleche streichen. Die beiseite gestellten Saaten gleichmäßig auf dem Teig verteilen. Im auf 175 °C vorgeheizten Backofen etwa 1 Stunde backen, nach etwa 15 Minuten mit einem Pizzarad jede Teigplatte in 12 Scheiben vorschneiden. Die Knäckebrotscheiben auf einem Rost auskühlen lassen und dann verpacken.

Das Knäckebrot ist bis zu 3 Monate dunkel und trocken gelagert haltbar.

Die Verpackungsidee für das Knäckebrot finden Sie auf Seite 142/143.

Zutaten für 24 Stück

- 50 g Sonnenblumenkerne
- 50 g Sesam
- 50 g Leinsamen
- 50 g Kürbiskerne
- 125 g Dinkelvollkornmehl
- 125 g Haferflocken, blütenzart
- ½ TL Salz
- 2 EL Rapsöl
- 500 ml Wasser

5 Min. Zubereitung
1 Std. Backzeit

Tüten mit Header
für das Knäckebrot

Material
Tüte aus Kraftpapier,
14,5 cm x 21,5 cm
Scrapbook-Papier in
Türkis-Weiß gemustert
Tonkarton in Creme
Faden in Rot
doppelseitiges Klebeband
Heftgerät
Drucker
Nähmaschine

Vorlage Seite 166

Drucken Sie zuerst den Schriftzug auf den cremefarbenen Tonkarton. Übertragen Sie dann die Vorlagen des geschwungenen Headers mithilfe einer Schablone auf das Scrapbook-Papier bzw. den Tonkarton. Dazu die Vorlage auf Transparentpapier durchpausen, auf ein Stück Karton kleben und ausschneiden. Die so entstandene Schablone auf das Papier legen, mit einem Bleistift umfahren und ausschneiden.

Falten Sie die beiden Teile jeweils mittig, legen Sie sie übereinander und nähen Sie sie entlang der Kante des cremefarbenen Teils mit Zickzackstich in Rot zusammen. Füllen Sie eine Kraftpapiertüte mit Knäckebrot, falten Sie sie oben um, tackern Sie sie zusammen und kleben Sie den Header mit doppelseitigem Klebeband auf.

Käse-Knusper-Stangen
Knabberspaß für alle

Den Blätterteig antauen lassen und jede Platte in 4 lange Streifen schneiden. Die Streifen spiralförmig eindrehen, mit Milch bepinseln und auf ein mit Backpapier ausgelegtes Blech setzen.

Bestreuen Sie die feuchten Teigspiralen mit Käse und wahlweise mit Sesam, Mohn, Schwarzkümmel, Paprika, Pizzagewürz oder anderen Kräutern. Im auf 180 °C vorgeheizten Backofen etwa 10 Minuten backen. Abkühlen lassen und anschließend verpacken.

Die Käsestangen sind kühl, trocken und dunkel gelagert 3 Monate haltbar.

Die Verpackungsidee für die Käsestangen finden Sie auf Seite 146/147.

Zutaten
für 24 Stangen

1 Packung TK-Blätterteig (450 g)
4 EL Milch
100 g geriebener Emmentaler
1 EL Mohn
1 EL Sesam
1 TL Schwarzkümmel
¼ TL Paprika, edelsüß
1 TL Pizzagewürz
1 TL fein gehackte Kräuter, wie z. B. Rosmarin oder Thymian

15 Min. Zubereitung
10 Min. Backzeit

Knusperbox
für die Käsestangen

Material
Scrapbook-Papier in Grün-
Weiß gemustert
Büttenpapier in Grün
Kopierpapier in Weiß
Schleifenband in Rot-Weiß
gestreift, 1 cm breit
Seidenpapier in Weiß
doppelseitiges Klebeband
Falzbein oder Messer
Drucker oder Fineliner in
Rot

Vorlage Seite 167

Übertragen Sie die Vorlage mithilfe einer Schablone auf das Scrapbook-Papier. Dazu die Vorlage auf Transparentpapier durchpausen, auf ein Stück Karton kleben und ausschneiden. Die so entstandene Schablone auf das Papier legen, mit einem Bleistift umfahren und ausschneiden. An den gepunkteten Linien wird der Karton gefalzt – am besten mit einem Falzbein oder einem Messerrücken – und gefaltet. An den Klebelaschen wird die Box zusammengeklebt.

Schneiden Sie dann aus dem grünen Büttenpapier einen Streifen von ca. 5,5 cm x 37 cm aus. Achten Sie dabei darauf, dass eine lange – unregelmäßige – Seite des Büttenpapierbogens die lange Seite des Zuschnitts bildet. Falten Sie die gegenüberliegende Schnittkante ca. 2 cm um und legen Sie die Banderole so um die Schachtel, dass die Faltkante über der oberen Kante der Box liegt. Fixieren Sie das Ganze mit etwas doppelseitigem Klebeband.

Nun wird noch eine Schleife gebunden. Für den Anhänger schneiden Sie aus dem Scrapbook-Papier ein Rechteck von 3 cm x 6,3 cm aus und runden die Ecken etwas ab. Darauf wird ein kleines weißes Rechteck (1,7 cm x 4,7 cm) geklebt, beschriftet und unter der Schleife befestigt. Die Käsestangen können nun mit etwas Seidenpapier in die Box gestellt werden.

Glühweingelee
Weihnachtsmarktgenuss fürs Frühstück

Erwärmen Sie den Rotwein leicht und lassen Sie ihn mit den Gewürzen in einem Teebeutel oder großen Tee-Ei ziehen. Nach etwa 30 Minuten die Gewürze herausnehmen. Den Orangensaft und den Gelierzucker hinzufügen. Bei starker Hitze unter Rühren zum Kochen bringen, bis das Kochgut sprudelt. Dann 4 Minuten sprudelnd kochen lassen, dabei ständig rühren.

Den Topf vom Herd nehmen und die Gelierprobe machen. Dafür etwas Kochgut auf ein kleines Tellerchen geben. Wenn die Masse sofort geliert, das noch heiße Gelee in heiß ausgespülte Gläser abfüllen, sofort verschließen und zum Auskühlen beiseite stellen.

Das Gelee ist mindestens 6 Monate haltbar.

Variante: Auch eine Mischung aus Vanilleschote, Sternanis und Kardamom sorgt für eine weihnachtliche Note.

Die Verpackungsidee für das Glühweingelee finden Sie auf Seite 150/151.

Zutaten
für 2 Gläser à 550 ml

700 ml Rotwein
1 Stange Zimt
4 Nelken
2 Sternanis
1 Prise Muskat
250 ml Orangensaft
400 g Gelierzucker 3:1

45 Min. Zubereitung

Deckelhaube in Rosa für das Glühweingelee

Material

Schraubglas, ca. 550 ml
Tonpapier in Rot
Transparentpapier mit
Streifen in Weiß
Baumwollstoff in Rosa-
Weiß gepunktet
Kordel in Rot-Weiß
Karton in Grau
Ösen in Rot
Motivlocher: Kreis,
ø 5 cm
Ösenzange
wasserfester Filzstift
in Rot

Schneiden Sie für die Deckelhaube aus dem Stoff einen Kreis mit einem Durchmesser von ca. 19 cm zu. Um den Kreis zu übertragen, können Sie z. B. einen kleinen Teller oder eine Untertasse verwenden.

Dann aus dem roten Papier einen Streifen von 3,5 cm x 21 cm und aus dem Transparentpapier einen Streifen von 2,5 cm x 21 cm ausschneiden. Stanzen Sie aus dem grauen Karton mithilfe eines Motivlochers einen Kreis aus. Natürlich können Sie ihn auch von Hand zuschneiden. Stanzen Sie ein kleines Loch und ziehen Sie die Öse durch.

Legen Sie den Stoff über das Glas, darauf mittig den roten Streifen und darüber den Transparentpapierstreifen. Bitten Sie an dieser Stelle am besten jemanden, Ihnen Stoff und Papierstreifen nach unten zu biegen und festzuhalten. Legen Sie dann eine rot-weiße Kordel um den Hals des Glases und verknoten Sie sie.

Beschriften Sie den Anhänger, fädeln Sie ihn auf die beiden Kordelenden und binden Sie eine Schleife.

Sesam-Hackbällchen

Köttbullar zur Schneewanderung

Geben Sie den Grieß mit dem Sherry in eine Schüssel und lassen Sie das Ganze 10 Minuten quellen. Zwiebel und Knoblauch schälen, fein hacken und zusammen mit dem Hackfleisch in die Schüssel geben. Mit Salz, Paprika und 1 EL Sesamsaat würzen.

Die Zutaten zu einem kompakten Fleischteig vermengen, aus dem 18 kleine Kugeln geformt werden.

Das Ei in einem tiefen Teller aufschlagen, Milch hinzufügen und verquirlen. Auf einen zweiten Teller Sesamsaat streuen und die Bällchen nacheinander zuerst im Ei, dann im Sesam wälzen. Das Öl in einer Pfanne erhitzen und die Fleischbällchen darin von allen Seiten kräftig braten. Anschließend die Bällchen auskühlen lassen und verpacken.

Die Hackbällchen sind 1 Tag im Kühlschrank haltbar.

Die Verpackungsidee für die Hackbällchen finden Sie auf Seite 154/155.

Zutaten für 18 Hackbällchen

50 g Hartweizengrieß
6 EL Sherry
1 Zwiebel
1 Knoblauchzehe
500 g Hackfleisch
1 TL Salz
1 TL Paprikapulver
10 EL Sesamsaat
1 Ei
2 EL Vollmilch
3 EL Olivenöl

30 Min. Zubereitung

Brotbackformen
für Sesam-Hackbällchen

Stanzen Sie aus dem hellgrünen Strukturkarton zwei Kreise aus. Legen Sie den roten Knopf über den grauen und beide auf die beiden Kartonkreise. Nähen Sie alles mit Nadel und Faden aufeinander.

Beschriften Sie dann den grünen Karton mit dem Computer und schneiden Sie kleine Banner zu (2,5 cm x 12 cm). Kleben Sie den Knopfkreis auf das Banner.

Um die Holzschale die rot-weiße Kordel herumlegen und um die Knöpfe wickeln. Durch ein kleines Loch im Banner noch einmal herumführen und fixieren.

Schneiden Sie kleine Streifen aus Masking-Tape zu und kleben Sie sie um je einen Zahnstocher, sodass ein Fähnchen entsteht. Aus dem freien Ende ein Dreieck schneiden.

Setzen Sie die Fleischbällchen in die Formen und stecken Sie noch ein paar Fähnchen zur Deko dazu.

Material

Backformen aus Holz mit Papiereinlage
Strukturkarton in Grün und Hellgrün
Knopf in Grau, ø 2,5 cm, und Rot, ø 1,5 cm
Faden in Grün
Zahnstocher
Masking-Tape in Rot-Weiß gestreift
Kordel in Rot-Weiß
Nadel
Motivlocher: Kreis, ø 3,5 cm
Drucker

Hackbällchen im Sesammantel

Paprikagulasch
Pörkölt aus Ungarn

Material
Einmachglas mit Bügelverschluss, 500 ml
festes Transparentpapier in Weiß
Schleifenband in Rot-Weiß geblümt, 1,5 cm breit
Tonpapier in Weiß
Drucker

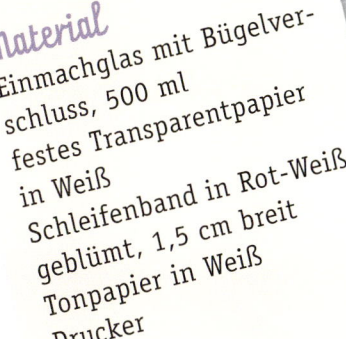

Paprika-Gulasch

Zwiebel und Knoblauch schälen und fein hacken. Die Paprikaschoten waschen, halbieren, putzen und in mundgerechte Würfel schneiden. Das Fleisch trocken tupfen.

Das Öl im Bräter erhitzen, die Zwiebel darin glasig dünsten. Mit Mehl bestäuben und das Fleisch darin anbraten. Alles mit Paprikapulver abstäuben und salzen. Paprikawürfel und Knoblauch hinzugeben und unter Rühren 5 Minuten braten. Tomatenmark einrühren und mit Fleischbrühe und Rotwein ablöschen.

Das Gulasch zugedeckt bei niedriger Temperatur 45 Minuten schmoren. Erneut abschmecken, auskühlen lassen und portionsweise in Weckgläser füllen.

Das Gulasch ist 2 Tage im Kühlschrank haltbar.

Verpackung

Schneiden Sie einen Transparentpapierstreifen passend zur Größe des Glases zu, legen Sie ihn als Banderole um das Glas und kleben Sie ihn hinten zu.

Dann wird ein Band in einer Länge von 40 cm zugeschnitten. Messen Sie den oberen Umfang des Glases aus (hier: 30,5 cm), messen Sie von der Mitte des Bandes aus jeweils die Hälfte dieses Wertes in beide Richtungen ab und schneiden Sie das Band zur Hälfte ein, einmal von oben und einmal von unten. Legen Sie das Band dann oben um das Glas und schieben Sie die beiden Schlitze ineinander. Kürzen Sie die Bandenden etwas und schneiden Sie sie schräg an.

Drucken Sie dann den Schriftzug auf den weißen Tonkarton und schneiden Sie kleine Banner zu (2,5 cm x 12 cm), knicken Sie ein Ende um und schieben Sie dieses hinter das Band. Fixieren Sie das Banner mit doppelseitigem Klebeband.

Zutaten
für 4 Portionen
1 Zwiebel
1 Knoblauchzehe
je 1 rote, gelbe und grüne Paprika
400 g Schweinegulasch
400 g Rindergulasch
2 EL Olivenöl
1 EL Mehl (Type 405)
2 TL Paprikapulver
Salz
3 EL Tomatenmark
100 ml Fleischbrühe
100 ml Rotwein

1 Std. 15 Min. Zubereitung

Vorlagen

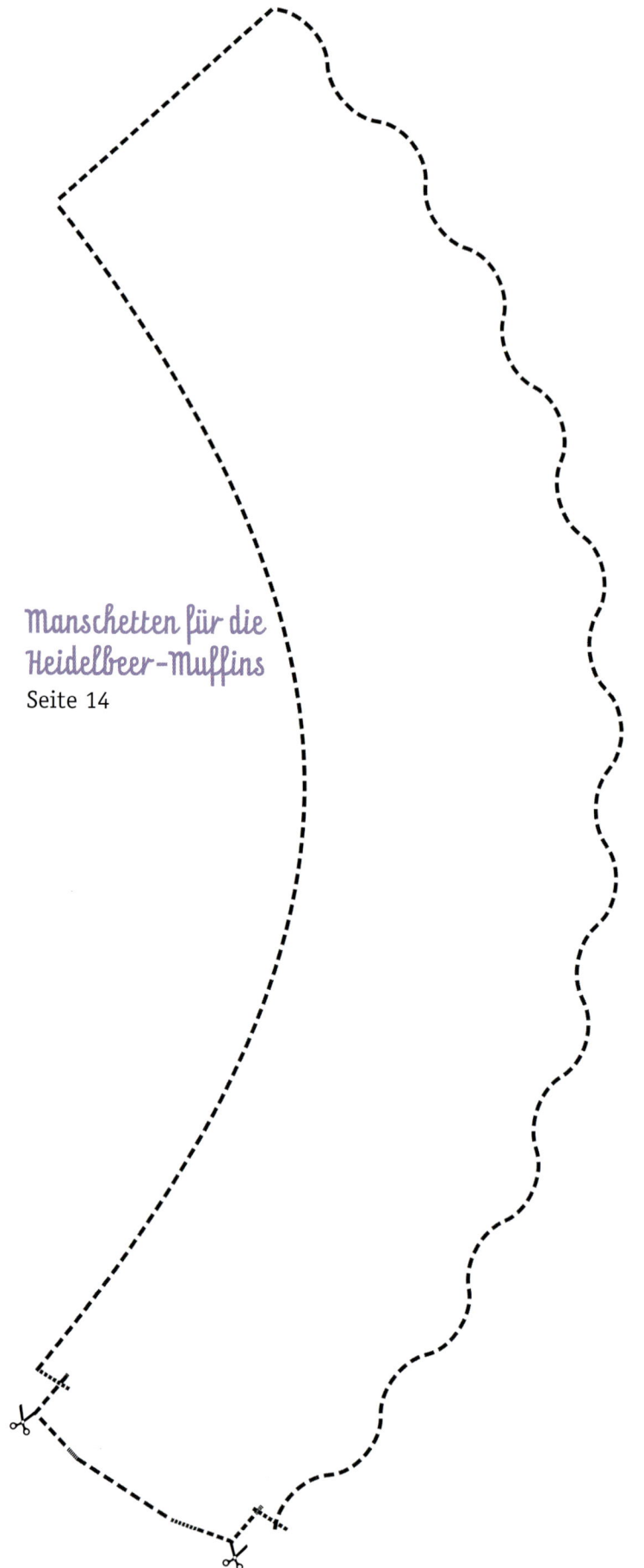

Manschetten für die
Heidelbeer-Muffins
Seite 14

Eingelegtes Gemüse "Bella Italia"

Häubchen für das
italienische Gemüse
Seite 40

Retro-Schachteln für die
bunten Nudeln
Seite 54

Die Vorlage auf 160 % vergrößern.

Aromatisches
Kräuteröl
Seite 74

Grünes Etikett für den
Wildkräuteressig
Seite 78

Die Vorlage auf 125 %
vergrößern.

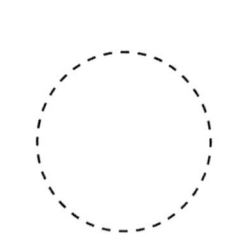

ESSIG

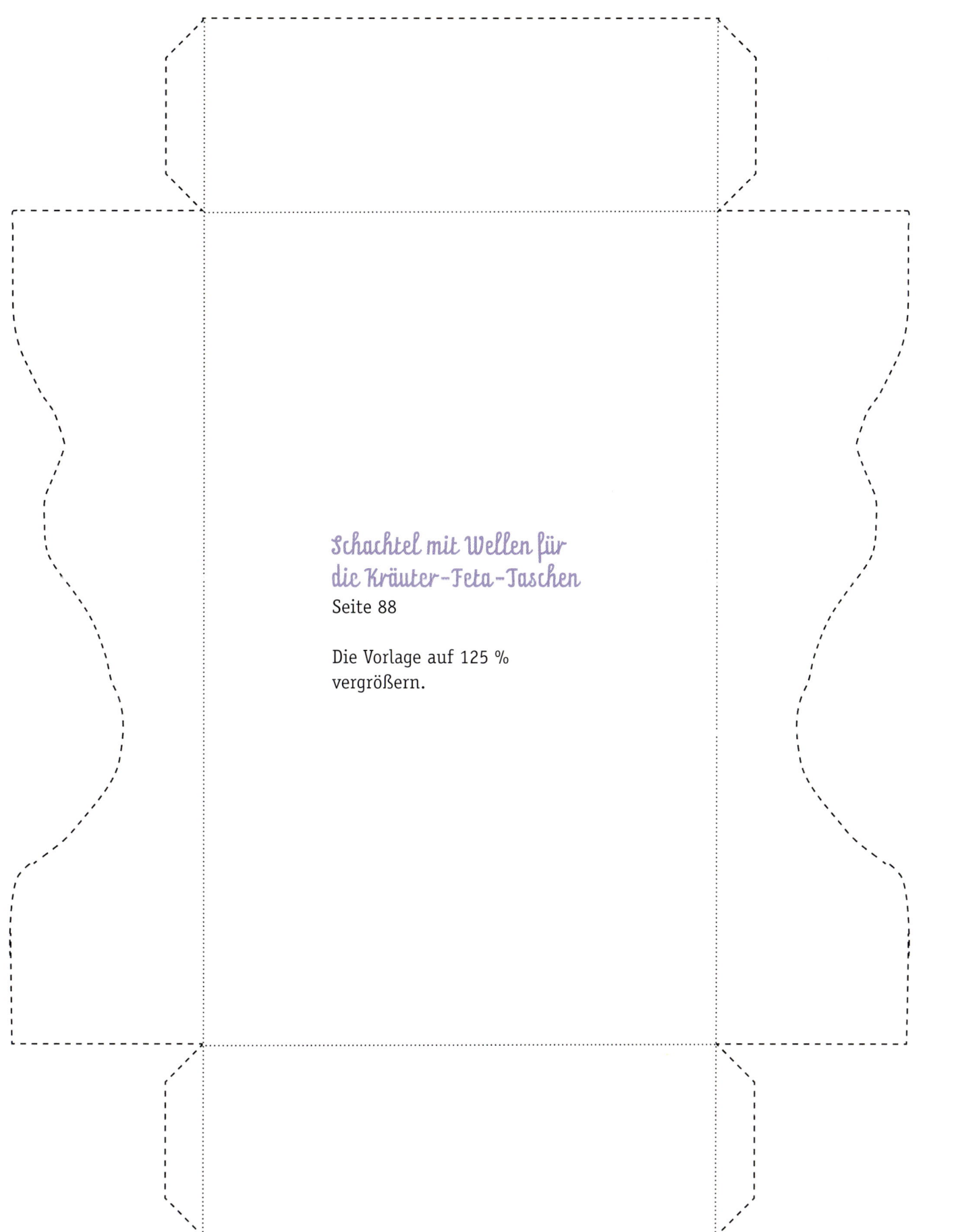

Schachtel mit Wellen für
die Kräuter-Feta-Taschen
Seite 88

Die Vorlage auf 125 %
vergrößern.

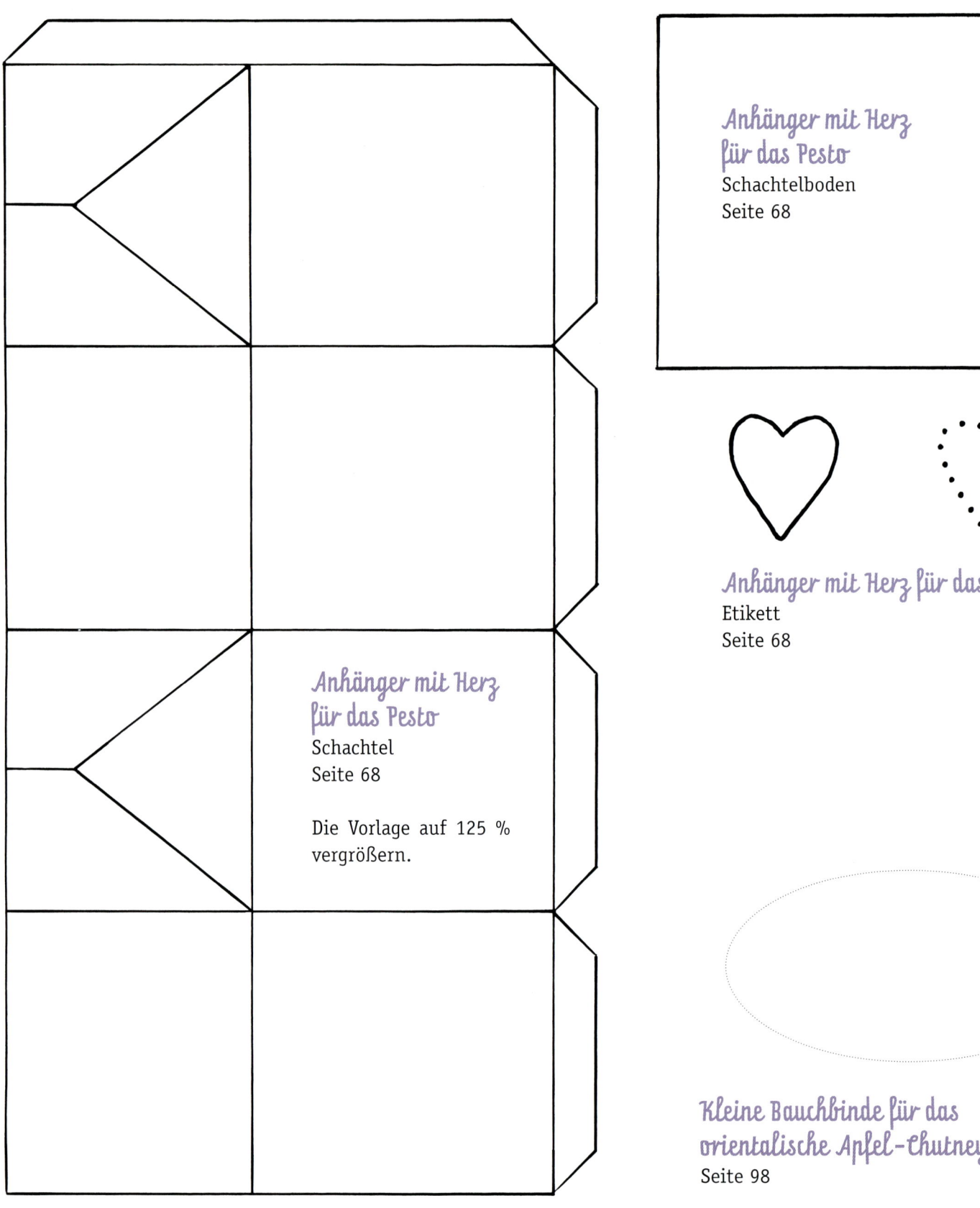

Anhänger mit Herz
für das Pesto
Schachtelboden
Seite 68

Anhänger mit Herz für das Pesto
Etikett
Seite 68

Anhänger mit Herz
für das Pesto
Schachtel
Seite 68

Die Vorlage auf 125 %
vergrößern.

Kleine Bauchbinde für das
orientalische Apfel-Chutney
Seite 98

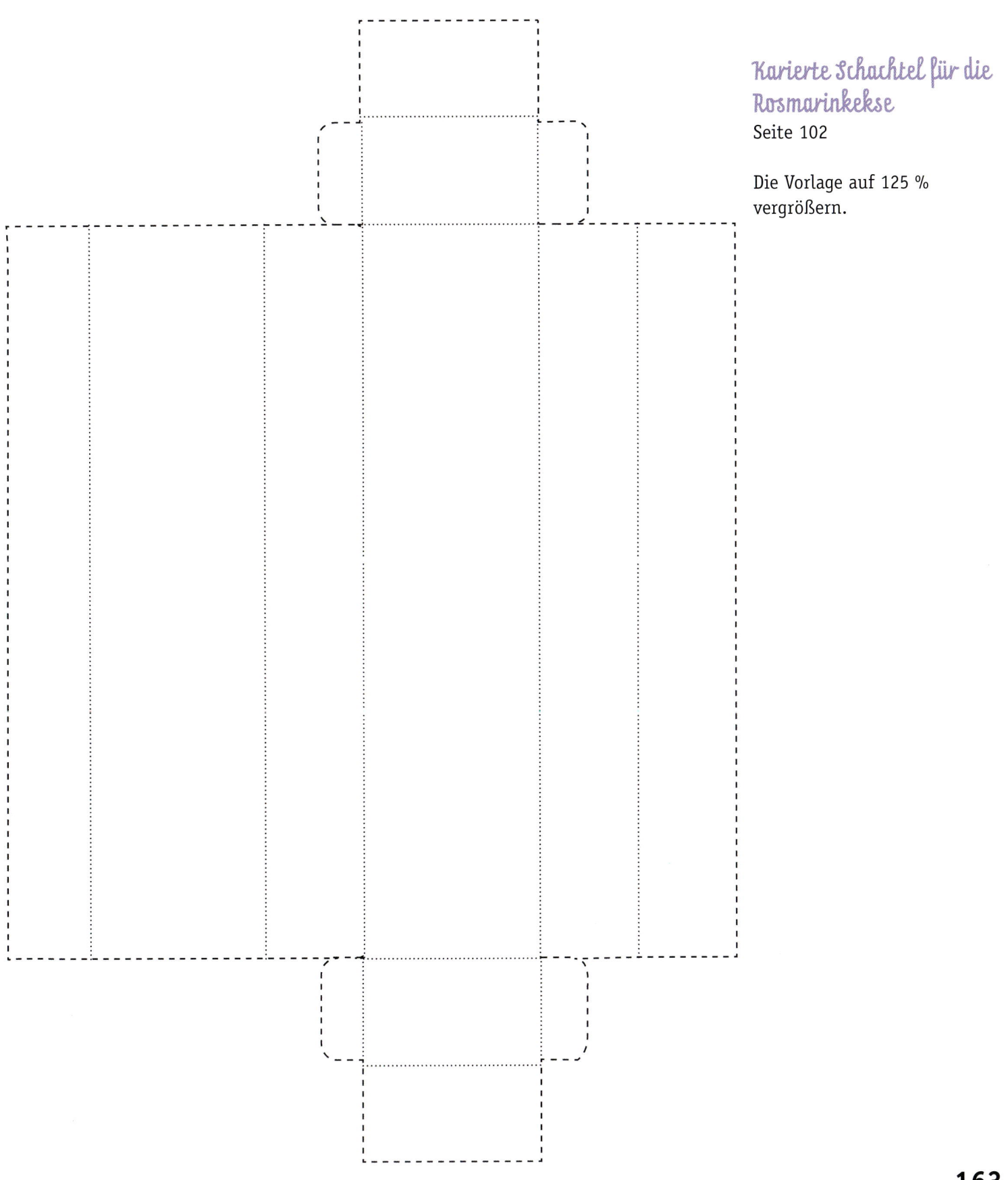

Karierte Schachtel für die Rosmarinkekse
Seite 102

Die Vorlage auf 125 % vergrößern.

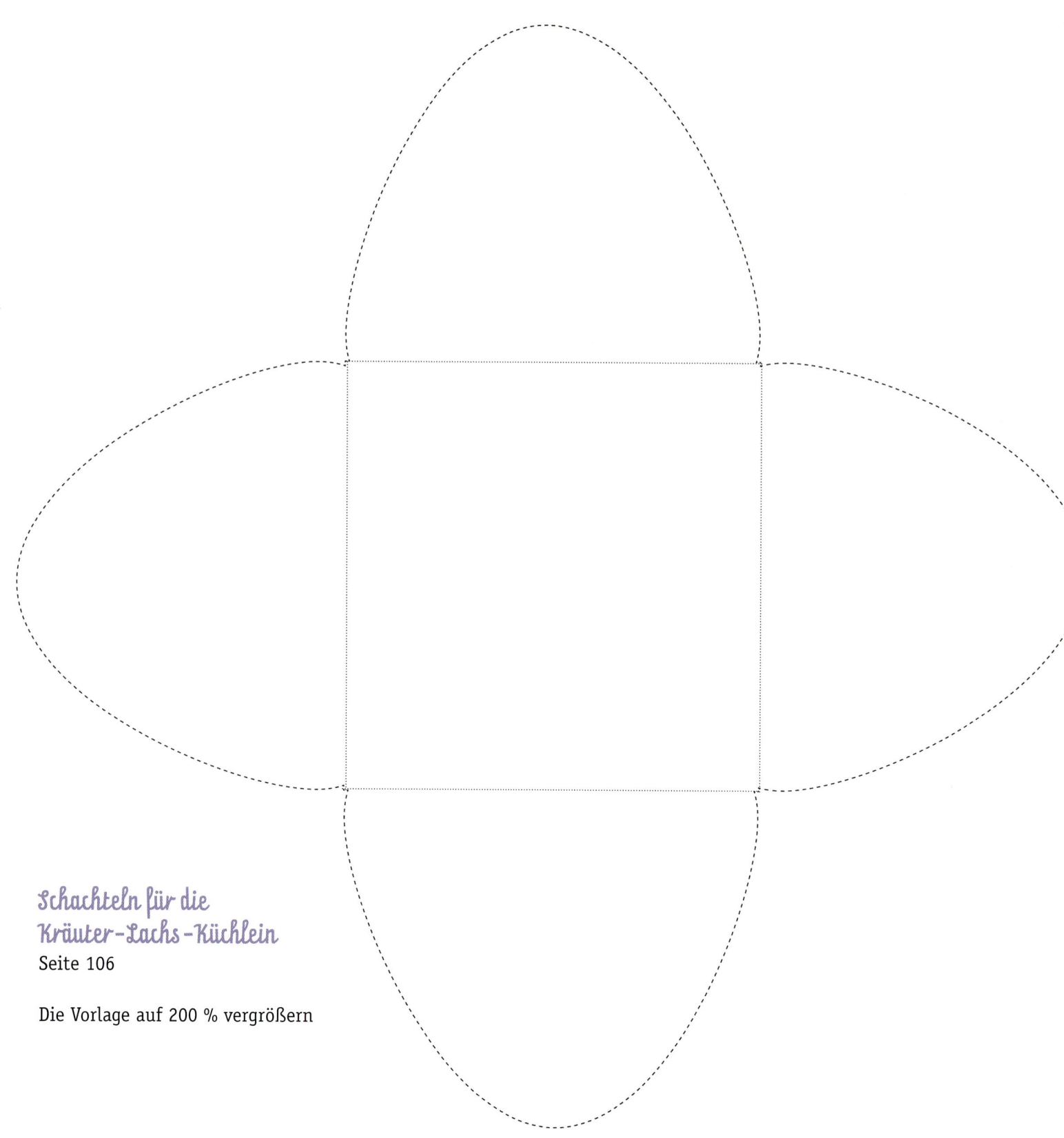

Schachteln für die
Kräuter-Lachs-Küchlein
Seite 106

Die Vorlage auf 200 % vergrößern

164

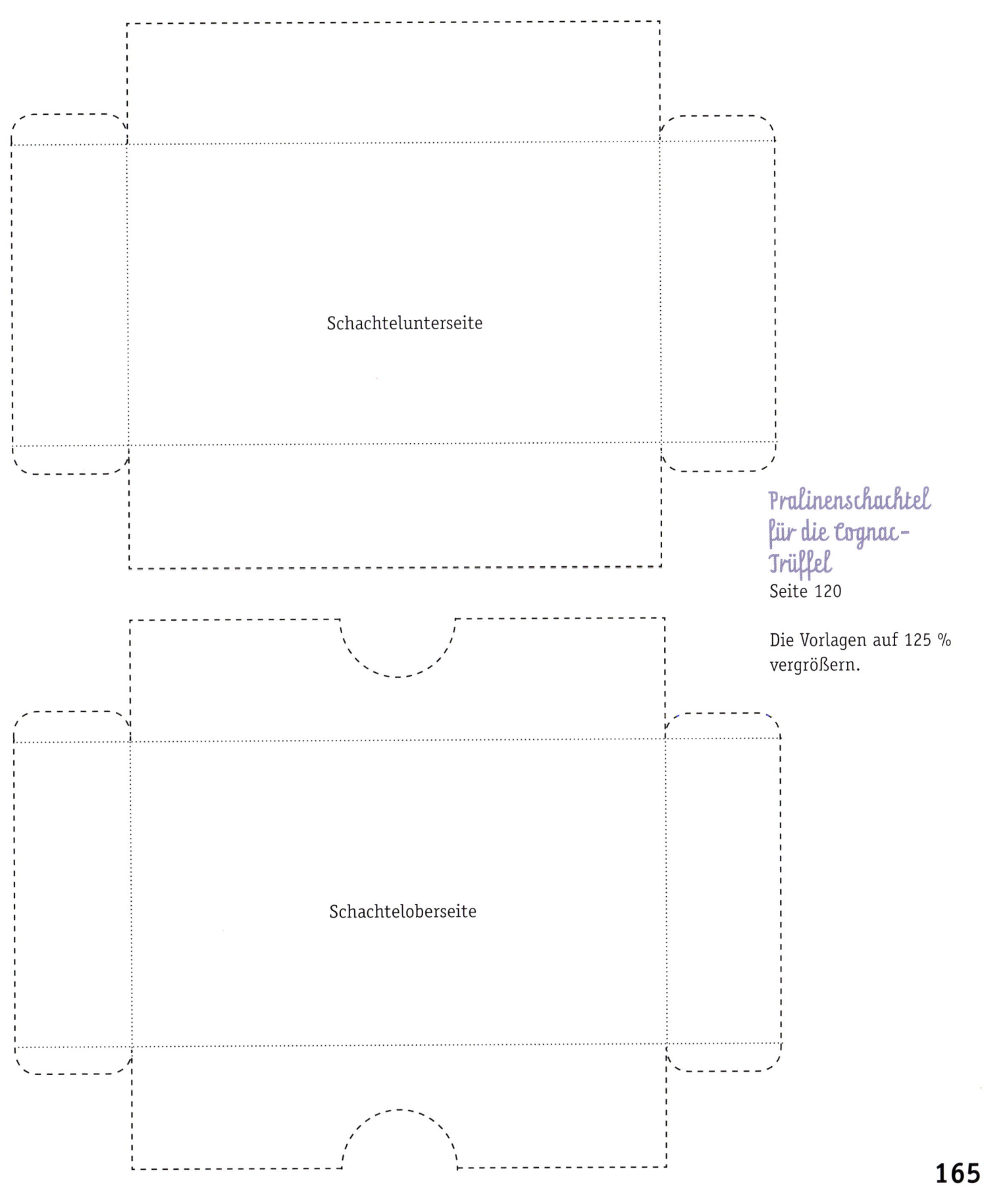

Schachtelunterseite

Schachteloberseite

Pralinenschachtel
für die Cognac-
Trüffel
Seite 120

Die Vorlagen auf 125 %
vergrößern.

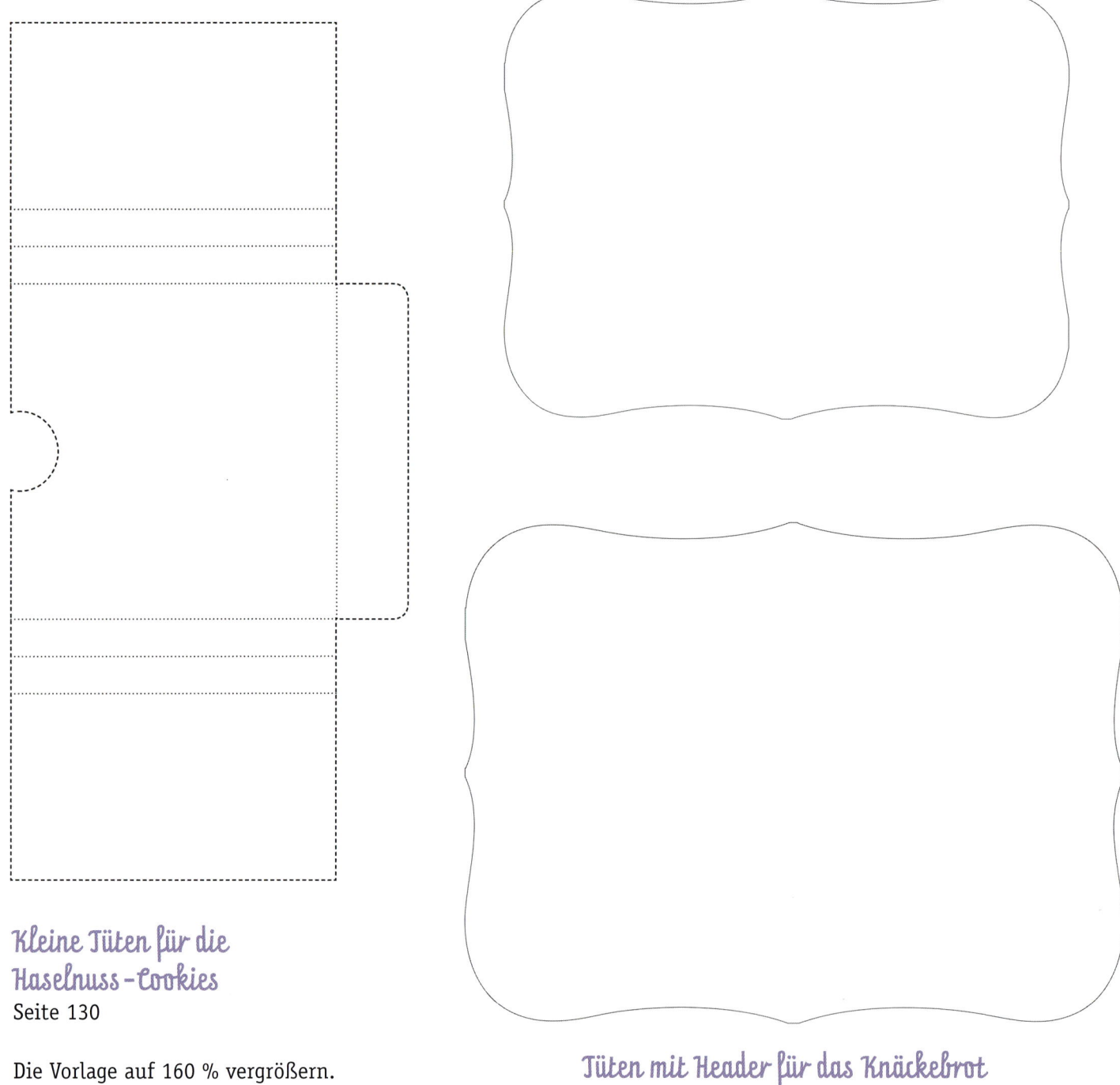

Kleine Tüten für die
Haselnuss-Cookies
Seite 130

Die Vorlage auf 160 % vergrößern.

Tüten mit Header für das Knäckebrot
Seite 142

Die Vorlage auf 125 % vergrößern.

Knusperbox für die
Käsestangen
Seite 146

Die Vorlage auf 200 %
vergrößern.

167

Die Autorinnen

Anne Iburg

Anne Iburg ist Autorin mehrerer Kochbücher und Ernährungsratgeber. Sie studierte an der Universität Bonn Oecotrophologie und arbeitete in einem Kochstudio und in einem Ratgeberverlag, bevor sie sich vor mehr als zehn Jahren selbständig machte. Heute lebt sie mit ihrer Familie in Kaiserslautern und kocht und backt für ihr Leben gerne.

Anne Iburg

Anna Anlauft

Anna Anlauft

Anna Anlauft ist studierte Südostasienwissenschaftlerin und war bis 2009 in internationalen Unternehmen als Pressereferentin tätig. Als sie zur Geburt ihres Sohnes vergeblich nach einer passenden Karte suchte, beschloss sie, selbst kreativ zu werden. Ermutigt durch die positive Resonanz, vertreibt sie inzwischen Karten und Verpackungen zu diversen Anlässen erfolgreich über ihren eigenen Web-Shop www.papier-kramladen.de. Mit ihrer Familie lebt sie in der Nähe von Frankfurt am Main.

Impressum

Verpackungsmodelle: Anna Anlauft
Rezeptentwicklung: Anne Iburg
Mitarbeit Rezeptentwicklung: Marlies Busch

Fotos: frechverlag GmbH, 70499 Stuttgart; T. W. Klein (Foto Anne Iburg Seite 168); Fotolia: akeeris (S. 114/115), ALCOM (S. 20, o.r.), alex (S. 10, o.m.), Alison Bowden (S. 80, l.), babsi_w (S. 87, u.l.), Barbara Dudzi ska (S. 80, m.), ChristArt (S. 37, o.r.), Christian Jung (S. 10, o.r.), Christian Jung (S. 101, o., S. 16, u.r.), DramaSan (S. 92, u.r.), Edyta Pawlowska (S. 16, u.l.), Elenathewise (S. 81,m.), emmi (S. 45, o., S. 93, o.l., S. 93, o.r.), Eva Gruendemann (S. 138, o.r.), farbkombinat (S. 27, r., S. 26 l.), Food (S. 81, r.), fredredhat (S. 62, u.l., S. 96, u.m.), Frog 974 (S. 105, o.), Giovanna (S. 114/115), HLPhoto (S. 139 u.m., S. 49, o., S. 87, o.), Ideenkoch (S. 57, u.r.), jeremias münch (S. 101, u.r.), Kati Molin (S. 37, u.r., S. 92, o.l.), Klaus Eppele (S. 80, r.), macroart (S. 93, u.r.), matka_Wariatka (S. 20, unten neu, S. 114/115), mic. (S. 45, u.r.), Pro Photo (S. 63, o.l.), racamani (S. 11, o.l.), redhorst (S. 109, u.l.), robynmac (S. 63, o.r., S. 93, u.l., S. 114/115), rutsan (S. 26, l.), sarsmis (S. 36, u.l.), sonia chatelain (S. 36, u.r., S. 62, u.r.), Stefan Körber (S. 62, o.r.), Stephan Koscheck (S. 12, u.r.), ThinMan (S. 81, l.), Thomas Francois (S. 114/115), thomas.andri (S. 12, u.l.), Tobif82 (S. 20, u.r.), TwilightArtPictures (S. 37, o.l.), unpict (S. 63, u.m.), Viktorija (S. 36, o.l., S. 83, o.), Gestaltungselement „Geschenkanhänger"; istock: DirkRietschel (S. 138, u.l.), MmeEmil (S. 139, u.l.), tirc83 (S. 27, m.), Viorika (S. 16, o., S. 27 l.); lichtpunkt, Michael Ruder, Stuttgart (alle übrigen)

Reihenkonzept: Katrin Hartmann
Produktmanagement: Katrin Hartmann
Lektorat: Christine Paxmann text • konzept • grafik, München
Markendesign und Layout: N I T R I B I T T Kommunikation & Design, Thomas Detlaf, Kischa Scheibe, Marco Schenck, www.nitribitt.com
Satz: Christine Paxmann text • konzept • grafik, München

Druck und Bindung: Neografia, Slowakei

Wir danken den Firmen KnorrPrandell GmbH, Lichtenfels, Buntpapierfabrik Ludwig Bähr, Kassel, Rayher Hobby GmbH, Laupheim, Heyda Baier & Schneider GmbH & Co. KG, Heilbronn, für die freundliche Bereitstellung von Material.

Hilfestellung zu allen Fragen, die Materialien und Kreativbücher betreffen: Frau Erika Noll berät Sie. Rufen Sie an: 05052/911858 (normale Telefongebühren)

2. Auflage 2011
© 2011 frechverlag GmbH, 70499 Stuttgart

ISBN 978-3-7724-5900-9
Best.-Nr. 5900

Bücher aus der kreativen Manufaktur

TOPP 5900
978-3-7724-5900-9

TOPP 5901
978-3-7724-5901-6

TOPP 5902
978-3-7724-5902-3

TOPP 5903
978-3-7724-5903-0

Schenken und Verpacken mit der kreativen Manufaktur

Im Design der kreativen Manufaktur gibt es auch Etiketten, Geschenkanhänger, Dosen, Schachteln und vieles mehr. Sie sind über den gut sortierten Buchhandel oder www.kreative-manufaktur.de erhältlich.